NADA PARA VESTIR

4ª reimpressão

Arlindo Grund

NADA PARA VESTIR

Aproveite ao máximo o
seu guarda-roupa e arrase
em qualquer ocasião

Planeta

Organização de conteúdo: Vanessa Barone
Revisão: Luciana Garcia e Gabriela Ghetti
Diagramação: SGuerra Design
Ilustrações: Julia Flohr
Capa: Compañía
Imagens de capa: Elnur/Shutterstock
Fotos: Andre Arthur
Styling: Tamara Guzman é Mariana Gama
Cabelo e maquiagem: Rener Souza
Assistente de fotografia: Ivan Porto Stein e Vanessa Canoso
Assistente de cabelo e maquiagem: Angela Paiva
Realização: Yande Realizações Artísticas
Arlindo Grund usa Alexandre Herchcovitch, Gucci, Ricardo Almeida, Antonio Bernardo e Andre Lasmar.

CIP-BRASIL. CATALOGAÇÃO NA PUBLICAÇÃO
SINDICATO NACIONAL DOS EDITORES DE LIVROS, RJ

G899n
Grund, Arlindo
Nada para vestir: aproveite ao máximo o seu guarda-roupa e arrase em qualquer ocasião / Arlindo Grund; ilustração Julia Flohr. - 1. ed. - São Paulo: Planeta, 2015.
il.

ISBN 978-85-422-0494-0

1. Moda - Brasil - História - Obras ilustradas. I. Flohr, Julia. II. Título.

15-21111
CDD: 779.9391
CDU: 77.044:391

2016
Todos os direitos desta edição reservados à
EDITORA PLANETA DO BRASIL LTDA.
Rua Padre João Manoel, 100 – 21º andar
Edifício Horsa II – Cerqueira César
01411-000 – São Paulo – SP
www.planetadelivros.com.br
atendimento@editoraplaneta.com.br

SUMÁRIO

AGRADECIMENTOS

Essas palavras são poucas para agradecer o apoio fundamental de todas essas pessoas que fazem parte da minha vida...

Amor eterno amor de avó – Regina Grund e Maria Dulce Dantas Campos Lopes, Duda.

Aos dois alicerces da minha vida – Afrânio Lopes e Beta Grund Lopes, mais conhecidos como Painho e Mainha.

Meu amado irmão Romero e Dea Grund Lopes, a melhor cunhada do mundo, que me deram o melhor presente de todos: meus sobrinhos Arthur e Romero.

À minha tia Bia Lopes que sempre esbanja estilo por onde passa.

Ao meu tio Edgard Grund com seu inseparável chapéu Panamá.

A ele que foi a ponte que me trouxe de maneira física para o mundo da moda e que divide sua vida e suas experiências comigo há mais de 20 anos – Fábio Paiva.

À Isabella Fiorentino, minha Bella e cúmplice carinhosamente chamada de amadinha, que vive comigo experiências no comando do programa Esquadrão da Moda que levaremos para as nossas vidas...

E, claro, a todas as participantes desse *reality show* que entrou devagar na minha vida e que me ajudou a enxergar a moda de um outro ponto de vista – o real!

"A elegância é a mistura de
refinamento, naturalidade,
esmero e simplicidade."
(Christian Dior)

VOCÊ, “PESSOA FÍSICA”

UM GUARDA-ROUPA MULTITAREFAS, COMO VOCÊ!

Todos os dias, faça chuva ou sol, não importa a temperatura ou a umidade relativa do ar, você vai ter de se vestir para conviver em sociedade. Pode ser que precise ir ao supermercado, a uma reunião na escola das crianças, almoçar com as amigas, levar os filhos ao cinema, namorar no parque ou ir àquele casamento chique do chefe do seu marido. Isso fora os compromissos de trabalho. As ocasiões sociais que aparecem no seu cotidiano são tão diversas quanto o tipo de figurino adequado a elas. Tudo bem. Se você é multitarefas, o seu guarda-roupa também pode ser! Para isso, basta um olhar aberto para novas possibilidades e atenção às informações preciosas que daremos aqui neste livro.

A sua vida social tem de ser divertida; nunca um martírio por não saber o que vestir.

Neste momento, você deve estar pensando: "Quer dizer que até para ir a pé à padaria eu preciso pensar no que vestir?". A resposta é sim! Enquanto você não for capaz de se tornar invisível, terá de estar preparada para tudo – e para todos. E não sou eu que estou dizendo: várias pesquisas comportamentais atestaram que a maneira como você se veste determina como os outros vão tratá-la. Desde o momento em que você escolhe e coloca algo sobre o corpo, já começou a se comunicar com as outras pessoas. É vestido, e não nu, que a gente se expõe e se revela. Transmitimos a nossa cultura, nossos valores e intenções. O que, aliás, é bem mais divertido, não?

E não é só: a forma como a gente se veste influencia a nossa maneira de agir. Ou seja: a roupa certa ajuda na atitude certa. Isso tem a ver com desenvolver autoestima e com autoconfiança – habilidades imprescindíveis na vida. Roupas adequadas – e estou usando esse termo da forma mais ampla possível – levam a atitudes adequadas, facilitam as relações. Não menospreze esse poder e aprenda a usá-lo da melhor maneira possível!

Agora que você já se convenceu de que o simples ato de vestir um jeans e uma camiseta não é algo arbitrário nem inocente, podemos começar este maravilhoso exercício de autodescoberta, uma verdadeira viagem pelo encantador mundo da moda. A proposta aqui é desligar o piloto automático e passar a tomar decisões conscientes.

Falei em autodescoberta porque vestir-se bem tem muito a ver com autoconhecimento. Fique certa: não há mulher elegante que não tenha uma ideia precisa de si mesma. A elegância está sempre atrelada ao entendimento do próprio corpo, do próprio estilo. É fundamental saber de que maneira você se sente confortável, sacar quais as suas dificuldades, quais são os seus pontos fortes e fracos (a gente vai falar mais sobre tipos físicos ao longo do livro).

> #ficaadica
>
> Para viver em sociedade, é no mínimo recomendável falar a mesma língua. E a moda nada mais é do que uma linguagem. Roupas e acessórios são como as palavras: juntas, elas constroem um discurso.

ROUPA É CONTEXTO

Levando em conta tudo isso, é hora de analisar o ambiente que se vai frequentar. Calma, não precisa ser adivinha. Apenas reflita sobre quais atributos serão exigidos do seu figurino para o momento em questão – lembra-se da ida à padaria? Pois é, essa ocasião também tem o seu código de vestimenta. Roupa é contexto, ou seja, tem de estar adequada a um ambiente e a uma ocasião. Não pode ser apenas expressão da nossa vontade, ou fica parecendo fantasia de carnaval ou coisa de gente doida. Regras podem ser quebradas e isso é muito divertido. Mas é preciso escolher o momento e o ambiente certo para fazê-lo.

A proporção pode variar um pouco, mas, em geral, um guarda-roupa eficiente é composto por 60% de peças básicas – aquelas que não mudam muito conforme os humores da moda e que podem facilmente ser atualizadas por meio de novas combinações ou acessórios. Normalmente, é preciso ter entre 20% e 30% de peças para a parte de baixo e entre 70% e 80% de peças para a parte de cima do corpo.

Vamos começar listando peças *básicas para um guarda-roupa do dia a dia* que vão funcionar na maioria das ocasiões – até em algumas festas e no trabalho (mas sobre a sua roupa de "pessoa jurídica" a gente vai falar mais no próximo capítulo).

O BÁSICO...

Blazer

Não há mulher chique que não tenha pelo menos um no armário. Ele fica bom com jeans, combinado com calça de alfaiataria, de noite, de dia, com as mangas no lugar ou dobradas. Durante o dia, ajuda a dar um "up" imediato no conjunto jeans e camiseta. À noite, por cima de um top-lingerie, é certeza de uma aparência chique e sensual.

Só não vale a pena economizar com um artigo de modelagem ruim e tecido "meia-boca". Invista! Não é preciso ter muitos no guarda-roupa. Um preto e um azul-marinho bastam. Se o orçamento permitir, mais para a frente você adiciona outras cores, como o bege ou o "camelo". E pronto. O colorido e a atualização da peça ficam por conta dos acessórios que você vai acrescentar. Pode ser um lenço, um colar incrível ou um broche. O blazer pode ser o mesmo, mas, se você mudar um detalhe, ele vai parecer sempre uma peça nova.

#ficaadica

Um autêntico paletó de smoking de Yves Saint Laurent é daqueles itens que, se um dia você encontrar em um brechó, compre! Ele é um clássico dos clássicos!

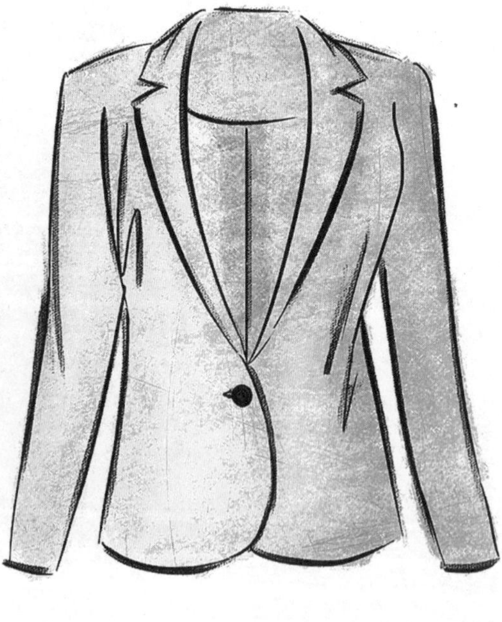

Top-lingerie

Versatilidade é o seu nome. Compõe um visual poderoso com uma bela saia de *tweed* e scarpins. Com uma calça de alfaiataria e um blazer, resulta em um conjunto feminino, porém mais discreto. Até com jeans fica lindo. Os mais bacanas são de seda e não ficam muito justos no corpo. O acabamento de renda é opcional, vai do seu gosto. Um detalhe de musselina, no decote, também tem efeito requintado e sensual. As cores devem começar nas básicas: preto, bege e azul. Mas o céu é o limite. Ele pode ser usado com sutiã com alças, desde que elas sejam finas e bonitas de mostrar. Esse efeito de "alças duplas" pode ficar interessante e harmônico. Para isso, combine as cores ou brinque com contrastes. Se ficar insegura, não arrisque e opte por um sutiã do tipo faixa.

Camisa de chambray

O tecido feito de algodão, com fios tintos branco e azuis, possui a aparência de um jeans mais fino e mole. Portanto, essa camisa é confortável e atemporal – além de chique. Quando combinada a uma saia elaborada, a camisa de chambray vai muito bem a um evento noturno. Com uma calça de alfaiataria, pode frequentar o escritório com toda a elegância.

Jaqueta de couro

Eis outro item eterno e que pode dar aquela pitada de rebeldia no visual feminino. Afinal, ela já foi uniforme dos galãs "bad boys" do cinema, dos punks e até dos roqueiros. Uma boa opção é a tradicional jaqueta Perfecto (também conhecida como "biker") preta. Sem muitos detalhes. Assim, você terá mais flexibilidade no uso. Mas um modelo de zíper na cor marrom também é prático e facílimo de combinar. Agora, atenção ao material: certifique-se de que se trata de couro natural. As feitas de material sintético estão cada vez mais parecidas com as de pele natural. Mas, se a sua bandeira for a da ecologia, então invista em uma peça sintética sem medo. Há opções para todos os bolsos. Agora, a questão aqui é a durabilidade: uma jaqueta de couro pode ter uma vida útil bem mais longa. E vamos combinar que, quanto mais usada, mais bonita a jaqueta fica. Mais uma vez, fica a cargo do gosto do freguês.

Te contei?

A jaqueta conhecida por Schott Perfecto foi criada pelo designer Irving Schott em 1928. A peça, feita para motociclista, recebeu o nome do charuto preferido de seu inventor, o "Perfecto". As primeiras jaquetas de Irving Schott eram feitas com couro de cavalo e ficaram famosas por sua durabilidade. O ator James Dean era fã incondicional da Perfecto.

Jaqueta jeans

Para aproveitar tudo o que essa peça tem de bela e de atemporal, atenção à sua modelagem e à tonalidade do jeans. Se o jeans for mais escuro, sem desgastes ou efeitos chamativos, tem mais chance de ser usado com praticamente tudo o que você tem no guarda-roupa. Quando estiver com vontade de mudar a cara de sua jaqueta, experimente enfeitá-la com broches ou bottons. Procure um modelo que vista bem e não fique nem largo nem justo demais – assim, a peça fica com ar atemporal e, ainda por cima, confortável. A combinação de jeans com jeans é algo que entra e sai de moda, portanto atenção. Na dúvida, use com vestidos ou com calças de outros tecidos. Sempre lembrando que a jaqueta jeans garante um ar informal ao conjunto.

Jeans tradicional

Como o nome diz, ele é tradicional, o que significa ter a cintura no lugar e as pernas retas. Essa modelagem, que veste bem em quase todo mundo, é para a vida inteira. Mas a lavagem precisa ajudar: as mais discretas, que mantêm o tom de azul mais escuro, costumam funcionar com qualquer tipo de blusa ou camisa. Acompanhado de saltos altos, de uma bela "clutch" e de um top mais arrumado (uma camisa de seda, um top-lingerie, uma blusa de musselina), esse estilo de jeans encara até um evento noturno – causal, obviamente.

Vestido preto

Clássico dos clássicos e amigo de todas as mulheres. Além de permitir uma infinidade de acessórios – o que pode mudar completamente a sua cara –, ele dá aquela ajuda sempre bem-vinda para afinar a silhueta. Os modelos variam quase como os humores femininos ao longo do mês. Valem os de malha grossa (mas nunca muito justos), os tubos de algodão com elastano ou de crepe, os chemises de seda, os de lã fria. Cada uma pode encontrar um modelo para chamar de seu. Ou pode encontrar uma diva para copiar: quem não se lembra de Audrey Hepburn, com o seu vestido preto, namorando a vitrine da Tiffany, na abertura do filme *Bonequinha de Luxo* (1961)? Mas tenha cuidado: vestido preto vicia, por sua capacidade de fazer um verdadeiro lifting instantâneo – quando escolhido de acordo com o seu tipo físico. Não é por isso, porém, que você vai deixar o seu guarda-roupa monocromático e sem graça, como se estivesse de luto. O mundo está cheio de outras cores; reflita!

Camisa branca

Ela sempre será uma de suas principais aliadas na busca por um visual chique e simples. Quando feita de um bom tecido (normalmente, tricoline de algodão ou seda) e com um corte que valorize o seu corpo, a camisa branca vai da praia ao coquetel. Acompanha um short de sarja ou um impecável terninho preto com a mesma desenvoltura. E, nesse meio-tempo, ainda forma, com a calça cáqui, uma combinação que sempre dá certo. Para as mais ousadas, vale seguir o exemplo da atriz Sharon Stone, que já foi vista mais de uma vez em eventos de gala usando uma camisa branca acompanhada de uma saia de festa – uma quebra de protocolo que tem tudo a ver com a personalidade rebelde da atriz.

Trench coat

Na verdade, ele é mesmo indispensável para a mulher que anda a pé, pois, além do estilo urbano-chique, foi pensando para proteger das intempéries – pense em Londres e seus charmosos dias chuvosos. O mais famoso de todos, o da marca inglesa Burberry, é daquelas peças para a vida toda. A cor clássica é o cáqui, mas uma versão preta desse casaco vai ser útil com quase tudo o que você tiver no guarda-roupa. O trench coat (cuja tradução é casaco de trincheira) vai bem com o seu jeans tradicional e com a sua camisa branca, mas também fica requintado com o vestido preto. Enfim, um item "tem que ter".

Te contei?

A casa inglesa Burberry foi a responsável por criar capotes para o British Royal Flyings Corps, na Primeira Guerra Mundial. Daí o nome casaco de trincheira, por conta de seu uso militar, inicialmente. O modelo original possuía uma pala larga na parte de trás, ombreiras, tiras com fivelas nos punhos, uma aba abotoada no ombro e bolsos com fechamento. O cinto trazia uma fivela que servia para prender equipamentos militares. De tão estilosos, os casacos da Burberry migraram das trincheiras para a vida nas cidades – de onde não saiu mais e foi copiado no mundo inteiro.

Saia preta

A altura pode variar, conforme o seu tipo físico ou a ocasião: pode ficar um pouco acima do joelho ou terminar um pouco abaixo. O importante é ter um bom corte, um ótimo tecido (gabardine, crepe ou algodão encorpado) e um pouquinho de elasticidade, para dar conforto. Uma fenda discreta atrás ou na lateral também ajuda na hora de se movimentar e dá um toque sensual. A saia preta tem mil e uma utilidades: vai do escritório à festa, passando pelo coquetel. A cor ainda ajuda a disfarçar o tamanho dos quadris. Mas, para não atrapalhar esse efeito "lipoaspiração", evite usar uma bolsa também de cor preta que fique na altura dos quadris – ou vai parecer que eles dobraram de tamanho.

Calça pantalona

Mais uma vez, a qualidade é o essencial aqui, traduzida na forma de um tecido com ótimo caimento. Se não for assim, é melhor não ter. A pantalona é uma peça que pode ser usada em várias situações cotidianas, porque muda de cara conforme os acessórios. O que não muda é a necessidade de usar um pouco de salto no sapato, para alongar a silhueta. Mulheres baixinhas devem fugir das modelagens de pernas muito amplas, para não terem a imagem achatada.

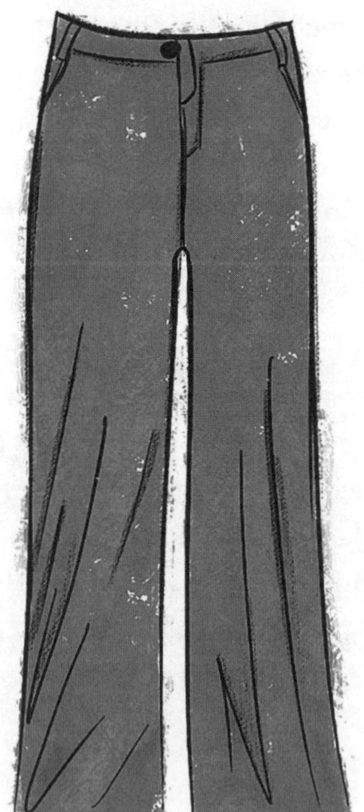

ACESSÓRIOS

Bolsas

Já faz alguns anos que elas se tornaram "o" item capaz de transformar o visual de qualquer mulher. Conseguem acrescentar sofisticação às combinações mais básicas. Jeans, camisa, mocassin e uma bolsa de grife podre de chique? Para que mais?

Vem de meados dos anos 1990 essa hipervalorização da bolsa como objeto de desejo, item de luxo de maior visibilidade para uma grife. É só dar uma espiada na publicidade das grandes marcas internacionais para comprovar o poder comercial de uma bolsa – ou de uma *it bag*, termo que melhor define esse artigo atualmente. O apelo é compreensível: bolsas são mais duráveis que as roupas, são feitas de materiais nobres, não precisam se adequar ao tamanho do manequim e podem ser identificadas de longe. Dependendo da grife, uma bolsa pode virar um verdadeiro troféu – um sinal de que aquela mulher alcançou o mais alto posto no Olimpo *fashion*.

Mas nem toda bolsa de luxo vira uma *it bag*. O termo, cunhado pela mídia especializada, define aquelas peças que, mais do que caras e belas, caem no gosto de mulheres famosas. A partir daí, viram *hit* entre as mortais que dispõem de dinheiro para comprá-las. Foi assim com a atriz Grace Kelly e sua inseparável bolsa Hermès, Lady Di com sua Dior ou Jackie Kennedy e seu modelo Gucci – só para ficar nos casos mais emblemáticos. Hoje, as celebridades são outras, e os modismos, mais passageiros. Mas o poder das bolsas icônicas não parece diminuir.

Te Contei?

A bolsa surgiu no vestuário feminino no fim do século XVIII. Foi nessa época que, por força das circunstâncias sociais, as mulheres passaram a usar um "sac à main" (bolsa de mão, em francês). Os novos códigos de vestuário, que condenavam os excessos, obrigaram as mulheres a levar nas mãos o que antes era acomodado nos bolsos de suntuosos vestidos. As bolsas se tornariam indispensáveis depois da Revolução Industrial (1850), quando as mulheres passaram a sair de casa com mais frequência. Finalmente, a bolsa conquistou seu lugar definitivo no hábito social no início do século XX, quando costureiros franceses, como Paul Poiret, libertaram de vez a mulher do espartilho – incentivando a sua autonomia.

Chanel 2.55

A bolsa de couro matelassado e alças de corrente é a mais famosa criada por Coco Chanel. O código que lhe dá nome refere-se à data de sua criação: fevereiro de 1955. Revolucionário para seu tempo, esse modelo atendia à necessidade da estilista de ter os braços e as mãos livres para seus afazeres. O matelassê foi inspirado nas almofadas da casa de Chanel e nas jaquetas dos jóqueis. Hoje, transita por vários ambientes e ocasiões, do trabalho à festa. As cores, os acabamentos e o tamanho estão sempre mudando. Só o seu apelo se mantém imutável.

Baguette

Criada em 1997, por Silvia Venturini Fendi – filha dos fundadores da marca –, a Baguette é até hoje uma das peças mais famosas da Fendi –, e também uma das mais copiadas do mundo. Foi criada para ser funcional e atender às mulheres modernas – não é à toa que a personagem Carrie Bradshaw, da série *Sex and the City*, era louca por ela. Acabou virando sinônimo de bolsa de luxo e, dependendo do material, compõe até um figurino de casamento.

Birkin & Kelly

Os modelos mais famosos da casa francesa Hermès possuem os nomes de duas mulheres famosas e inspiradoras. A Birkin Bag, lançada na década de 1980, é uma homenagem à atriz e cantora Jane Birkin – ex-mulher do famoso cantor francês Serge Gainsbourg. Presente em todas as coleções da Hermès, a Birkin possui fila de espera de consumidoras vorazes para adquirir um exemplar e alcançar uma espécie de passe livre para o mundo do luxo. Porém, no livro *Como entrei na lista negra da Hermès*, do comerciante Michael Tonello, ele mesmo mostra a fórmula de como entrar em qualquer loja da grife francesa e sair de lá com uma das peças mais cobiçadas – uma Birkin. Já a bolsa Kelly, criada na década de 1930, ganhou esse nome somente duas décadas depois: quando a atriz Grace Kelly a adotou como *it bag*.

Te contei?

A bolsa Kelly, da Hermès, é inteiramente feita à mão e leva 18 horas para ficar pronta. A confecção da peça é feita por um único artesão, que, posteriormente, assina o seu nome dentro dela, junto com a data de sua produção. A alça que a sustenta é forrada de couro e moldada na perna do artesão ou artesã. Assim, garante o formato arredondado – mas também significa que nenhum modelo sairá exatamente igual ao outro.

Speedy

Um dos modelos mais vendidos da Louis Vuitton, a Speedy se renova a cada temporada graças à sua associação a designers e artistas – como Yayoi Kusama, artista japonesa conhecida por suas peças fálicas e por seus trabalhos com poá, bolinhas ou "polka dots". Entre os que criaram "intervenções" sobre ela, está o designer americano Stephen Sprouse: em 2001, Sprouse desenhou uma versão da Speedy com letras grafitadas sobrepostas ao logotipo da LV – um ícone *fashion*, *hit* nos brechós especializados em artigos de luxo até hoje.

Knot

Essa é a clutch ícone da italiana Bottega Veneta – uma das poucas grifes de luxo que não ostentam a sua logomarca nos produtos. O que diferencia as bolsas da Bottega é o couro trançado, que forma uma trama copiada no mundo inteiro. Como não poderia deixar de ser, a bolsinha de mão Knot possui o tradicional trançado e coleciona aparições nas mãos das mulheres mais chiques do mundo. O nome do modelo se refere ao nó de metal, fecho da bolsa.

Bamboo

Lançada originalmente em 1947, é até hoje um dos grandes sucessos de venda da Gucci. A grife italiana está sempre relançando o modelo, com pequenas adaptações ou novas cores. Mas o resultado é sempre o mesmo: um ar vintage irresistível.

Lady Dior

Criação dos anos 1990, essa bolsa, de couro matelassê, foi assim batizada em homenagem à Lady Di, fã incondicional da peça. Já ganhou várias versões, com tamanhos, tipos de couro e cores diferentes. Está sempre presente nas coleções da grife.

Sapatos

Sapatilha

Já que estamos falando de peças atemporais, não há como deixar de lado a sapatilha bailarina – aquela de couro molinho e um discreto lacinho na ponta. Ela é um verdadeiro coringa, para usar com vestidos, saias (inclusive longas), jeans, bermudas e calças. É a melhor mistura de conforto e requinte que o design de sapatos já produziu.

Sandália rasteira

Garante o conforto dos pés nos dias mais quentes. Fica linda com saias e vestidos longos, fazendo a linha "Saint-Tropez hoje?". Dois cuidados, no entanto, são essenciais: os pés precisam estar lindamente cuidados e não é um estilo de sapato para trabalhar, pois remete a férias, lazer, descontração, praia e até mesmo sensualidade.

Mocassim

Outro tipo de sapato mais do que consagrado. Vai melhor com calças compridas e bermudas. Com saia, o risco é parecer que está de uniforme de colégio interno, mas, se o seu estilo é mais retrô, não tenha medo da combinação. É outro estilo casual, que só vai para o escritório se o código da empresa for liberal. Do contrário, use nos momentos de descontração.

Scarpin preto matador

Sabe aquele dia (ou noite) em que você vai precisar estar simplesmente poderosa? É a ele que você vai recorrer. O ideal é que você tenha dois modelos com altura de salto diferentes. O mais baixo, que você pode usar para trabalhar, calce naquele dia em que precisa fechar um negócio importante ou quando for pedir um aumento de salário. O outro, com salto de sete centimetros ou mais, você reserva para encarar o homem dos seus sonhos – seja para seduzir, seja para sair por cima (literalmente) depois de um fora. E os modelos com pontas levemente arredondadas são os melhores.

Bota cano longo

Também será usada muitas e muitas vezes, pois a moda até sugere novos modelos, mas nunca conseguiu tirar desse estilo de bota o seu posto de majestade. Talvez por sua relação estreita com o universo equestre – um esporte clássico –, a bota de cano longo pode deixá-la com aparência aristocrática, desde que combinada aos itens certos. E quais são eles? Vestidos, saias ou calças skinny (desde que o seu corpo permita). A vantagem do modelo é que ele alonga as pernas quando usado com sabedoria. As botas de cores claras, no entanto, não provocam o mesmo efeito. Por enquanto, as brancas ficam restritas aos pés das mais fashionistas.

Tênis

Você simplesmente não vai conseguir viver, neste mundo, sem eles. E não importa a que tribo você pertença: a das esportistas, das socialites, das peruas, das hipsters... A moda sempre terá um tênis para você chamar de seu. Ainda mais nos dias de hoje, em que a busca pelo conforto unido ao estilo é sinônimo de luxo!

#ficaadica

- Você não é uma centopeia, então não precisa de tantos sapatos no guarda-roupa. Mas, se quiser passar uma imagem impecável e requintada, tenha poucos, porém muito bons!
- Invista um pouco apenas em cada par. Mas certifique-se de que está comprando um artigo de qualidade. E, principalmente, adequado ao seu tamanho.
- Sapatos precisam de cuidados, pois se desgastam, arranham e perdem o salto. Atenção: a manutenção frequente é tão importante quanto a compra correta.

Se a moda tem os seus básicos do estilo, também inventa tendências ou costumes que são considerados verdadeiros *sabotadores de imagem*, para quem entende do assunto:

"Mulheres mais velhas usando rosa-bebê podem ficar um desastre. Fica coisa de criancinha, caricatura de juventude."
(Costanza Pascolato)

"Sutiã de alças transparentes: ninguém consegue se habituar a isso. Não seria mais sexy deixar aparecer as alças de um sutiã charmoso?"
(Ines de La Fressange)

"Sapato caro, vestido caro, bolsa cara e joias caras. Coisas caras, só uma de cada vez."
(Danuza Leão)

"Não misture sua roupa para correr no parque com o cinema do fim da tarde."
(Gloria Kalil)

"Cuidado para não revelar o seu verdadeiro eu, quando, no primeiro encontro amoroso, uma meia furada no dedo mínimo aparecer nos seus pés."
(Fábio Paiva)

"A festa é a vida
em exceção."
(Gilda de Mello e Souza,
em *O espírito das roupas*)

PARA FESTAS EM GERAL

TRAJES E TRAQUEJO

Quando o assunto são as festas, saiba que os tradicionais trajes "esporte", "passeio", "passeio completo" e "social" são coisas que ficaram no passado. Eles determinavam, peça por peça, o que deveria ser usado naquela ocasião, sem deixar margem para a expressão do gosto pessoal. Além disso, esses códigos foram criados para outro momento e com outras referências de moda. A moda muda sempre e não dá para ficar parado no tempo.

E outra coisa: tem coisa mais frustrante do que ficar refém de um convite, muitas vezes tendo que violentar o próprio estilo? Tem mulher que não põe vestido longo de jeito nenhum – e nem tem um modelo assim no guarda-roupa. Outras odeiam mostrar as pernas. Há as básicas, as exibidas, as altas, as magras, as gordas... Impossível um estilo de roupa vestir bem todas essas mulheres.

Mas é preciso reconhecer: um convite que dê pelo menos uma indicação do grau de formalidade do evento facilita e traz segurança para os convidados. Isso é para evitar aberrações do tipo ir de camiseta, calça jeans e sapatilha em um jantar em que todos os homens estão de terno e as mulheres, de vestido. A indicação, portanto, vai informar o "clima" do evento.

A partir daí, é só lançar mão do bom senso – este, sim, nunca cairá de moda. De posse dele, é possível vestir-se de maneira adequada sem sofrer ou abrir mão do próprio estilo, sem precisar se desesperar e ir às compras para adquirir uma peça que depois vai "mofar" no guarda-roupa.

Mas é importante frisar que, entre as especificações de figurino, há uma que não perdeu a força nem caiu em desuso. Ela se chama traje a rigor (ou *black-tie*). Se essas palavrinhas vierem impressas no convite, leve a sério. Isso significa que os homens terão de vestir smoking; e as mulheres, vestido longo. Aí vale (quase) todo tipo de capricho: brilhos, bordados e paetês. As bolsas diminuem de tamanho, mas ganham poder. Os saltos altos são recomendáveis, até para ajudar a alongar a silhueta. Os sapatos merecem atenção especial para acompanhar a linguagem do traje de gala – o que exclui, por exemplo, saltos de madeira ou acabamentos grosseiros. É hora de ser diva. Arremate com os cabelos presos, ou até mesmo soltos, porém mais elaborados do que você usa no dia a dia, uma bela maquiagem e reine!

#ficaadica

- Roupa de festa não deve seguir modismos de estação: é melhor que seja atemporal, para não parecer datada, poder ser usada várias vezes e "amortizar" o investimento. Roupa boa de festa, no Brasil, costuma ser cara, portanto precisa ser bem aproveitada. Lembre-se de que aqui um acessório pode fazer a diferença.
- Há ocasiões que exigem uma formalidade que beira o tradicional. Ocasiões solenes como posse de um presidente, cerimônias em embaixadas ou outras que envolvam condecorações, discursos e homenagens pedem uma aparência mais contida. É hora de se vestir para se mesclar aos convidados. Ainda mais se você não é a figura que será homenageada: discrição, nesse momento, é tudo.

VESTIDOS

Impossível falar deles sem relembrar os clássicos. Desde meados do século XX, a moda estabeleceu o seu ranking de vestidos campeões no quesito glamour-feminilidade-requinte. Vestida com algum deles, será difícil você passar despercebida. São eles:

Vestido coquetel

Como o nome diz, foi inventado justamente para essa nova forma de receber, criada pelos americanos em meados dos anos 1920: o coquetel. Com comprimento até os joelhos, ele costuma ser confeccionado em tecido luxuoso – uma vez que foi idealizado para transitar bem do fim da tarde para o início da noite. O estilista Givenchy foi um dos craques nessa modelagem, como comprovou Audrey Hepburn, que foi vestida por ele no filme *Bonequinha de Luxo*.

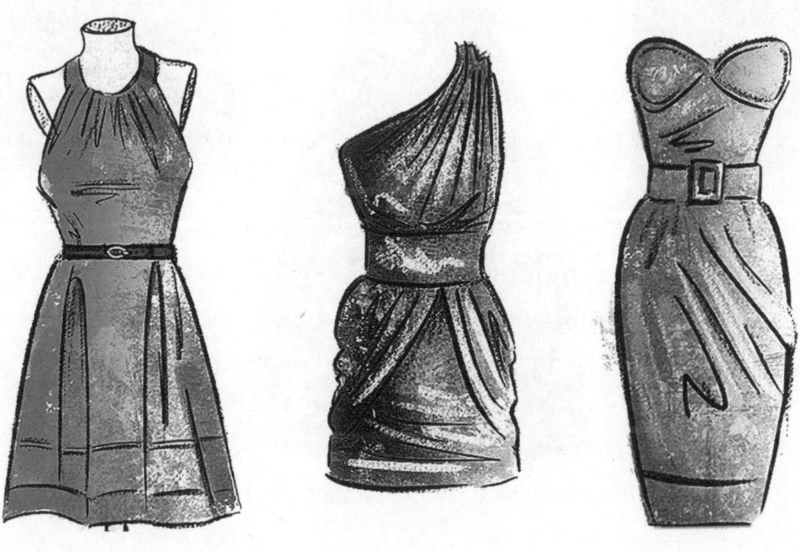

Vestido preto

Em uma versão de gala do "pretinho básico", o longo preto foi certamente um dos modelos mais usados em festas *black-tie* pelo mundo. Pudera: dificilmente uma mulher fica deselegante usando um longo preto bem-cortado, com tecido luxuoso, adornado com os acessórios certos. Pense na atriz Rita Hayworth, em *Gilda* (1946), em Audrey Hepburn na abertura do filme *Bonequinha de Luxo.*

Vestido "*Sweetheart*"

Invenção da estilista americana Helen Rose (1904-1985), inspirado no estilo "New Look" de Christian Dior, esse modelo traz a cintura bem marcada, a saia rodada e o corpete desenhando o busto na forma de um coração. As atrizes Grace Kelly, em *Disque M para matar* (1954), e Elizabeth Taylor, em *Um lugar ao sol* (1951), foram duas das estrelas de Hollywood que ajudaram a imortalizar o modelo – que também virou sinônimo de festa de debutante por muito tempo. Mas hoje é um clássico que, dependendo do tecido, pode ir até para o trabalho.

Vestido ampulheta

Outra herança das divas de Hollywood – sempre elas! O estilo dos vestidos com o corpete justo e estruturado, para ressaltar os seios, é coisa do pós-guerra. Pense em Marilyn Monroe e o seu vestido de lamê dourado em *Os homens preferem as loiras* (1953). A sensualidade era reforçada por cintas que comprimiam a barriga e por sutiãs que deixavam os seios com forma pontiaguda e rígida. O momento era de valorização do estereótipo da diva sexy, que começava a se expor mais – a primeira cerimônia do Oscar a ser televisionada foi nessa época, em 1953. No mesmo ano, chegava às bancas a primeira edição da revista masculina *Playboy*, fundada por Hugh Hefner. Nascia o arquétipo da "bombshell", que nunca mais desapareceria completamente do imaginário masculino. Aliás, o termo surgiu por causa do efeito inesperado e sensual que causava a aparição de algumas atrizes em público.

Vestido linha A

Se os anos 1950 foram dedicados a desenhar o corpo feminino, os anos 1960 o transformaram em uma figura geométrica. Um dos responsáveis por isso foi o estilista André Courrèges, com o seu modelo evasê de formas futuristas e comprimento curto. Courrège chegou a lançar uma coleção batizada de Garota da Lua (1964), cujos vestidos eram feitos com tecidos tão rígidos que eram capazes de ficar de pé sozinhos. Reinterpretações desse vestido foram vistas por toda a década, usadas com botas de canos longos por moças que deixaram aflorar a sexualidade nesse início de revolução sexual. Pierre Cardin e Paco Rabanne foram outros representantes desse estilo de ares espaciais – que utilizava os recém-lançados tecidos esportivos sintéticos como base.

Preto

Pode ser básico ou não; depende da textura, da modelagem e dos recortes. Com a simples alteração do tipo de tecido, ele já muda de cara. Pode ser uma ótima opção para festas e até casamentos – desde que você não seja uma madrinha.

#ficaadica

Preferência entre as brasileiras – incluindo as noivas –, o modelo tomara que caia não fica bonito em todos os corpos. Para mulheres com muito busto, ele pode ser um verdadeiro desastre. Nesse caso, o melhor é optar por um vestido com alça estruturada, que sustente os seios sem precisar apertá-los. O tomara que caia é bom para mulher com pouco seio.

Te contei?

Foi Coco Chanel – sempre ela – quem desenhou o que ficaria conhecido como o "pretinho básico" da história da moda. Foi na década de 1920 que a estilista lançou um modelo de vestido chemisier, de linhas retas e estilo "à la garçonne"(visual andrógino, típico dessa década). Ele foi um símbolo da liberdade feminina, descrito pela revista *Vogue*, em 1926, como "o vestido que o mundo inteiro vai usar". De fato, ele virou verbete no dicionário da moda por sua versatilidade e seu viés democrático.

Comprimento

Há uma regra que não costuma falhar: quanto mais formal é o evento, mais longo é o vestido. O horário também determina isso. Os locais da cerimônia e da festa são igualmente importantes: a roupa tem que caber nos dois lugares.

Frio ou calor

Leve em conta o clima e as temperaturas externa e interna. As igrejas, em especial, costumam ser frias. O ideal é ter opções de roupa cobertas ou de tecido mais ou menos encorpado. Mas, se precisar, leve um xale, uma pashmina ou até um casaco.

Por falar nele, fique esperta: o casaco de festa ideal tem o mesmo comprimento do vestido. Um vestido longo pode ser acompanhado por um casaco na altura do quadril. Ele precisa ser uma peça mais elaborada, com tecido, caimento e textura de roupa de festa. Melhor que não tenha muitos detalhes, para ser mais versátil, poder ir com vários vestidos. A combinação entre top, saia e um casaco de festa também fica ótima, e depois esse conjunto pode ser desmembrado.

Lembrando: levou casaco, vai ter que se virar com ele. Se o local da festa tiver um espaço para guardá-lo (o ideal), ótimo. Do contrário, deixe-o pendurado nos ombros enquanto estiver, por exemplo, de pé no coquetel. O que não dá é para pedir para o marido ficar segurando. Ele também tem o direito de se divertir.

Calças

É fato que existem mulheres que não se sentem bem usando saias ou vestidos. E a dúvida sempre é: dá para ir a uma festa formal usando calça comprida? Dá, sim, se a mulher optar por um smoking.

O smoking feminino é um clássico e fica o máximo quando combinado a acessórios bem femininos e a uma bela maquiagem. O visual fica poderoso, sem perder a pitada de feminilidade. Atrizes belíssimas, como Angelina Jolie e Julia Roberts, já arriscaram vestir calças até em cerimônias de gala. A escolha é sempre ousada, mas pode, sim, ficar boa. Basta escolher um modelo de calça com cara de festa e combiná-lo com um top ou camisa igualmente poderoso. Atenção à modelagem e ao tecido, que precisam ser impecáveis e luxuosos. Capriche no salto alto, na bolsa e nas joias, para não parecer que você foi para a festa direto do trabalho.

Te contei?

Yves Saint Laurent pode ser considerado o "pai" do smoking feminino. O primeiro traje desse tipo apresentado por ele fazia parte de sua coleção de alta-costura de outono/inverno 1966. Mais tarde, em 1975, o fotógrafo de moda Helmut Newton disseminou a tendência com uma série de imagens feitas para a edição francesa da revista *Vogue*. O smoking feminino é uma peça icônica da moda, juntamente com o vestido "pretinho básico" criado por Chanel.

SAPATOS

Normalmente, o salto alto é recomendado para festas. Mas, caso você não possa ou não goste de usá-lo, não se desespere. O simples fato de estar usando salto não deixa a mulher automaticamente mais elegante. A pouca ou nenhuma intimidade com ele causa desconforto, e isso transparece no andar – que, obviamente, fica prejudicado. Surgiu "aquela" festa à noite? Relaxe, você pode optar sem problemas por uma sapatilha com o bico fino, de verniz, por exemplo. Além disso, os modelos com pedrarias também caem bem – ficam chiques e elegantes!

ACESSÓRIOS

Pérolas são clássicas, portanto são sempre bem-vindas em ocasiões festivas. Mas também podem ter um ar muito tradicional. Para tirar a cara de "colar da vovó", procure um modelo com pérolas de vários tamanhos ou de cores diferentes. Um colar como esse transita em qualquer reunião ou evento. Ou então, se você tem aquele colar que foi herança, tente misturá-lo com peças de metal ou até mesmo com outras de pegada étnica. Nesse caso, é preciso estilo e segurança.

Joias muito poderosas combinam com *black-tie*. Mas, no caso de festas sem tanta formalidade, o melhor é usar joias mais simples ou uma bijuteria sofisticada. O único cuidado é na "dosagem" dos acessórios. Caso opte por um maxicolar, os brincos devem ser mínimos. O contrário também é válido: se os brincos forem grandes e chamativos, é melhor não usar colar. Usar "conjuntinho" de colar com brincos ou pulseira com anel é permitido – e também uma questão de gosto. Mas esse recurso pode envelhecer a imagem ou dar um ar mais clássico, portanto, avalie bem o todo. Um mínimo de harmonia nas cores de pedras e de metais, no entanto, é recomendável. O melhor é eleger uma tonalidade: ou é dourada, ou é prateada. E, como sempre, cuidado com o excesso de brilho se o evento for diurno. Agora, se for misturar metais, o equilíbrio é sempre bem-vindo: 50% para cada cor. Pode ser 30% ou até 25% de dosagem para cada metal.

BOLSAS

Podem levantar ou derrubar um *look* com a mesma velocidade. Portanto, atenção a elas. A regra costuma mandar que a bolsa diminua de tamanho à medida que o evento for ganhando formalidade. Mas hoje, com a variedade de modelos existentes, as bolsas de mão – clutches – já passeiam por locais mais descontraídos. O inverso, no entanto, não procede: bolsas grandes não devem ir a festas, coquetéis, e muito menos a casamentos. A adequação à linguagem também é importante: bolsas bordadas, brilhantes ou adornadas com pedrarias – a ponto de virarem verdadeiras joias – combinam com vestidos longos e requinte. E atenção especial aos metais: se forem muito chamativos, precisam estar em harmonia com a cor das joias, formando um "conjunto" dourado, prateado ou com equilíbrio dos tons no caso de misturá-los.

CASAMENTOS

São tantas as dúvidas que a ocasião merece ser tratada à parte.

Se for de manhã:

- O vestido pode ser curto – mas não na altura da virilha! Curto batendo nos joelhos. No máximo, três dedos acima deles. Ou então pode ter o comprimento midi (aquele que vai abaixo do joelho).
- Pouco brilho.
- Cores pastel ou de tons solares.
- Tecidos fluidos.

- O cardigã é uma ótima opção para usar por cima do vestido.
- O que vai determinar o tipo de salto do sapato é o local da festa: se for na areia da praia ou no gramado de uma casa de campo, não faz sentido usar salto alto. Uma sandália do tipo espadrille, de salto anabela, ou uma sandália rasteira com aplicação de pedrarias resolve bem a questão.
- Maquiagem natural.

Se for à tarde:

- Esse horário é meio ingrato para a escolha do traje. Isso porque a roupa eleita terá de transitar bem entre a tarde e o começo da noite.
- O vestido pode ter bordado, desde que tenha acabamento fosco e seja da mesma cor do tecido.

#ficaadica

- Quer usar vestido estampado em um casamento? Pode, desde que você não seja a madrinha. Também prefira uma estampa com poucas cores, mais sutil. Entre as melhores opções, está a floral.
- Substituir o vestido por um conjunto de saia e blusa também é possível, mas as peças precisam ser sofisticadas. Um exemplo: uma camisa de seda e uma saia bordada de canutilhos. O conjunto só deve ser evitado por mulheres com muito quadril, pois dá a impressão de que essa área fica maior.
- Nunca é demais avisar: em casamento alheio não se vai de branco, mesmo que ele "puxe" para o creme, para o areia ou para outras variações menos gélidas dessa cor. Branco é para a noiva e só.

- Um modelo de renda também é uma boa ideia: ela é sempre um clássico
- O vestido "lady like", mais justinho em cima, com a cintura marcada e saia evasê, é perfeito para essa ocasião (e para o corpo da brasileira, que costuma ter os quadris mais largos).
- Maquiagem mais elaborada.

Se for à noite:

- É o momento de usar brilho, joias, saltos altos e peças mais requintadas.
- Os vestidos ganham sofisticação, feitos de tecidos como xantungue ou musselina de seda.
- As bolsas diminuem de tamanho: viram *clutches* ou carteiras.
- O estilo do vestido vai depender do tipo de corpo.
- A maquiagem e o penteado devem ser mais caprichados, mas nunca exagerados.
- Madrinhas são um caso à parte: a cor e outros detalhes da roupa serão dados pelo tipo de casamento e pelo gosto da própria noiva. Normalmente, pede-se um mínimo de harmonia entre os vestidos das madrinhas, para que o conjunto faça sentido. E aí, não há muito espaço para invencionices ou decisões pessoais.

#ficaadica

- Por mais lindas que elas sejam, as bolsas tipo clutch podem ser uma roubada para os coquetéis. Normalmente, esse tipo de confraternização ocorre com as pessoas de pé. Imagine ter de segurar a comida, o copo e ainda a bolsa de mão? E não se esqueça de que é bem possível que você precise apertar as mãos das pessoas. Se quiser usar uma clutch, prefira um modelo que tenha alça interna – e fique com as mãos livres.

COQUETEL

As opções de figurinos são várias: valem tailleurs, terninhos, conjuntos de saia e blusa ou vestidos. O grau de formalidade será dado pelo ambiente. Mas, em geral, o coquetel é uma pré-festa. Ou seja, já exige um apuro no visual. Caso você tenha um coquetel para ir direto do trabalho, a dica é montar uma espécie de "kit festa" para deixar no carro (ou em uma mochila que você leve para o escritório). Nesse dia, escolha uma roupa mais requintada para trabalhar – um terninho e uma camisa, por exemplo. No "kit festa", inclua uma blusa mais chique, sapatos de salto e uma bolsa menor do que a de trabalho. Essas peças, combinadas ao terninho, dão imediatamente um "up" no visual. Ah, e não se esqueça de levar um bom par de brincos ou um colar mais elaborado, e o seu nécessaire de maquiagem.

PRIMEIRO ENCONTRO

Depois de usar todos os "apps" e redes sociais a que você tem direito, chegou a hora de conhecer de perto o pretendente. Momento excitante! Mas que requer alguns cuidados. Afinal, mesmo que os meios de paquera tenham evoluído junto com os smartphones, as técnicas de sedução, acredite, continuam as mesmas. A ideia é não revelar tudo de uma vez. Mesmo que o papo virtual que rolou antes já tenha evoluído para assuntos picantes, é de bom-tom manter a classe. Fazer o jogo do "vela-revela" é sempre mais interessante. Vai

colocar saia curta? Então seja mais conservadora na blusa e, principalmente, no decote. Prefere mostrar um pouco das costas ou do colo? Tudo bem. Sendo assim, não exponha tanto as pernas. O que não dá é para unir decote vertiginoso e microssaia. Afinal, você não está colocando o corpo na vitrine. Nesse momento, a sedução deve rolar por meio das atitudes, do papo interessante e do seu charme. Use a roupa como ferramenta, mas cuidado para não fazer dela um caminho direto para a vulgaridade.

#ficaadica

- Como saber qual cor fica boa em você? Simples: repare que cor você está usando próximo ao seu rosto toda vez que as pessoas comentarem como você está bonita. "Tem algo diferente em você hoje!" é a frase clássica que acende a luz da cor. A cor certa rejuvenesce, melhora a aparência e apaga as rugas de expressão. Funciona como um verdadeiro botox!
- É bem comum, hoje em dia, receber convites sugerindo trajes como *casual fashion*, *high fashion* e outros estilos *fashion*. Tudo bobagem. Se você não se identifica com o mundinho da moda, não leve isso a sério. Vá como se sentir bela e confortável, de acordo com seu estilo e respeitando a adequação.
- Atualmente, não há mais uma definição do que é um vestido "de noite" ou "do dia". O que vai determinar o momento de usar a peça é o seu estilo. Um vestido de seda usado com uma sapatilha e uma bolsa de palha vira uma roupa para o dia. A mesma roupa acompanhada por saltos altos e uma *clutch* poderosa, vira um traje de festa.

- Vestido de festa liso, sem bordados ou outros detalhes, podem ter uma vida mais longa no seu guarda-roupa. Mudando os acessórios – e os broches são ótimos para isso –, ele vai para muitas festas como se fosse sempre um modelo diferente.
- Roupa cara não é sinônimo de roupa de festa. Às vezes, um jeans pode custar mais caro do que um vestido *black-tie*. Mas isso não faz dele uma roupa chique.
- Não compre nada sem antes analisar as instruções de lavagem. O real preço de um vestido inclui o custo de sua manutenção. Peças que precisam ser lavadas a seco, por exemplo, podem sair bem caras.
- Não se deixe levar pelo desejo de ter um vestido i-gual-zi-nho ao da atriz de Hollywood ou ao desenhado por um estilista famoso. O formato do seu corpo pode não comportar aquele modelo-desejo, por mais lindo que ele seja. Melhor apostar em uma roupa feita para vestir bem as suas formas. Isso, sim, é elegância.
- Tenha muito cuidado ao querer imitar o estilo de uma celebridade. Não é porque a Lady Gaga usou uma bolsa cravejada de espinhos que você vai poder adotar esse acessório na sua próxima festa chique. A menos que tenha seguranças para afastar as pessoas e impedir que você mate alguém, esqueça.
- Ainda sobre imitações: nunca, em hipótese alguma, compre uma roupa ou um acessório falsificado. Além de compactuar com uma infração, você estará passando um atestado de burrice. Falsificações são facilmente reconhecíveis e não agregam nada à sua imagem.

- Nunca subestime o poder de uma lingerie. Além de ajudar a deixar o corpo com uma forma mais harmônica, ela também trará um sentimento de segurança. E isso faz toda a diferença.
- Quando for usar um vestido ou saia sem forro, redobre a atenção com a lingerie, para que ela não marque nem crie volume sob a roupa. Uma boa opção são as peças íntimas sem costura e de tecido fino.
- Quando quiser realmente arrasar na balada com um microvestido, brinque de "vela-revela": se for mostrar muita perna, então esconda o resto do corpo, com mangas mais longas e pouco decote. É chique sem deixar de ser sexy.
- Atenção: uma roupa mais ajustada ao corpo deve vestir bem. Não vale comprar um número menor, ok?
- Saltos altos ficam bem em quem sabe andar sobre eles. Se esse não é o seu caso, procure sapatos ou sandálias com saltos baixos, mas com texturas diferentes, aplicação de pedrarias e outros detalhes sofisticados. Antes isso do que andar como uma pata desnorteada!

"As cores falam todas
as línguas."
(Joseph Addison)

CORES

De todas as maneiras que o nosso visual tem de impactar os outros, a cor é a mais forte e a mais imediata de fazer isso. Pelo menos é o que dizem os estudiosos do assunto. Olhar determinadas cores tem o poder de alterar a pressão sanguínea, os batimentos cardíacos e a respiração, da mesma forma que os estímulos sonoros ou olfativos podem desencadear emoções. As cores podem estimular, tranquilizar, provocar atração ou repulsa por alguém ou alguma coisa. Portanto, nunca as menospreze!

De acordo com a escritora britânica Alison Lurie, autora de *A linguagem das roupas*, as cores são as primeiras coisas a provocar a nossa reação quando vemos alguém. No princípio da leitura visual que fazemos de uma determinada pessoa, estão as cores, que chegam dando uma espécie de radiografia de quem se apresenta à nossa frente. Tudo isso acontece em alguns segundos, é claro. Mas é muito intenso.

Quando esse discurso é harmonioso – ou seja, quando o uso da cor está dentro do que esperamos ver –, a comunicação se estabelece de maneira rápida e eficiente. Em nossa cultura, esperamos ver um médico de jaleco branco, alguém de luto de roupa preta e um alto executivo de terno azul-marinho. Se alterarmos essas regras, está feita a confusão. Portanto, dominar o uso das cores pode poupar tempo e esforço no nosso dia a dia.

A relação entre cores e sentimentos não se dá por acaso. Ela é fruto de experiências coletivas que temos desde a infância. O livro *A psicologia das cores*, da autora Eva Heller, traz uma pesquisa sobre a relação das pessoas com os diversos tons. De acordo com o estudo, feito na Alemanha com 2 mil homens e mulheres com idade entre 14 e 97 anos, a cor azul apareceu como a mais apreciada para 45%. Em seguida vieram o verde (15%) e o vermelho (12%). No outro extremo, a cor menos apreciada pelas pessoas é o marrom (20%), além do rosa (17%) e do cinza (14%), que foram citados em seguida. Mas o que, afinal, as cores transmitem para os nossos interlocutores?

AS CAMPEÃS NA PREFERÊNCIA

Antes de desenvolver o conceito, exponho minha opinião bem particular: amo o azul, o verde e amo também as suas combinações.

O AZUL, a cor predileta para a maior parte das pessoas, carrega a virtude da simpatia, da harmonia e da capacidade intelectual. Não é de espantar, portanto, que a cor, em várias nuances, seja a mais usada nos ambientes corporativos. Segundo os especialistas, a relação da tonalidade com o divino (o céu), com o puro e o bondoso é o que a coloca no topo das paradas de sucesso. O azul é também a cor das dimensões ilimitadas, uma vez que a cor é gerada pela reprodução infinita de qualquer material transparente – incluindo a água e o ar (por isso o céu e o oceano "parecem" azuis).

O VERDE, o vice-campeão, agrada pela relação direta com o terrestre, com a natureza. É essa a cor relacionada à fertilidade, à esperança e à saúde. O verde tem temperatura agradável, é uma cor tranquilizadora, que transmite segurança. Na astrologia, o verde é associado ao signo de libra, que remete ao equilíbrio e à diplomacia.

O VERMELHO foi a primeira cor que o homem batizou e, acredita-se, é também a primeira que os bebês enxergam. Por conta disso, o vermelho é ensinado às crianças antes de todas as outras tonalidades, o que talvez explique o fascínio delas por doces vermelhos. De tão explorada pela publicidade, essa cor costuma ser a que mais incomoda os olhos diante de uma explosão de cores. Ele representa a força, a coragem e a paixão – ou seja, está relacionado quase sempre a atitudes positivas.

Te contei?

O vermelho é uma cor-fetiche no mundo da moda. Essa é a cor dos solados dos sapatos mais poderosos do mundo, de Christian Louboutin. O vermelho é também a cor-ícone da marca Valentino, cujo tom vermelho-sangue leva o nome do estilista. De vermelho, ninguém passa despercebida. "Na dúvida, use vermelho" (Bill Blass).

AS MENOS APRECIADAS

No topo da lista dos rejeitados, o MARROM é uma tonalidade associada ao feio, à preguiça, à burrice e ao servilismo. O marrom nem cor é: ele é resultado da combinação de algumas cores. Vermelho com verde dá marrom; violeta com amarelo e azul com laranja, também. Misture qualquer cor com o preto e novamente o resultado será o marrom. Ele carrega uma simbologia forte, muitas vezes relacionada à sujeira, aos excrementos e à morte. No entanto, se dá bem na decoração, por ser a tonalidade da madeira. No vestuário, apesar de tudo, é considerado um tom que combina com tudo.

Apesar de figurar entre as menos amadas, o ROSA é carregado de símbolos positivos. Ela é considerada a cor da sensibilidade e da cortesia. Talvez por isso seja a cor que as meninas mais usam na infância, como que para ressaltar os seus atributos de feminilidade. Por ser resultado da mistura do vermelho com o branco, o rosa carrega as virtudes do meio-termo. Em alguns ambientes, o rosa pode não ser a melhor opção. Para mulheres em cargos de chefia, que precisam mostrar autoridade, decisão e eficiência, o rosa pode denotar fragilidade, infantilidade e romantismo. Mas usar o rosa com o marrom pode resultar em uma combinação forte e com personalidade.

Em terceiro lugar no índice de rejeição, o CINZA é a cor dos dias nublados, das coisas nebulosas. É uma cor acromática, como o preto e o branco, mas está no meio do caminho entre os dois. Por isso é vago: nem quente nem frio. No cinza, é como se o branco estivesse sujo e o preto tivesse perdido a força. Por isso essa cor está relacionada a coisas ruins. O cinza só ganha um aspecto mais simpático quando combinado no mesmo acorde com o branco e o azul. Juntos, eles remetem ao universo da ciência, da reflexão e da objetividade. Na moda, usar o cinza com cores cítricas pode gerar produções impactantes.

E mais....
No mundo da moda, o PRETO é talvez a cor mais popular. "O preto é a cor que cai bem em todos. Com o preto não há como errar", declarou Karl Lagerfeld, estilista da Chanel. Simbolicamente, o preto é a cor do mistério, do luto, da ausência de luz e do fim. Pessoas vestidas de preto costumam invocar respeito, admiração e até certo receio. Os vilões e as bruxas dos contos de fadas costumam ser retratados de preto. Oposto do branco, que é composto por todas as cores da luz, o preto é a ausência de luz, considerado uma "não cor".

Te contei?

Apesar de ligado à morte, curiosamente, o preto é uma cor associada ao gosto da juventude contemporânea. Uma pesquisa a respeito das cores preferidas das pessoas revelou que é entre os 14 e os 25 anos que elas mais apreciam a "não cor". Segundo o estudo publicado no livro *A psicologia das cores*, cerca de 15% das mulheres jovens citaram o preto como cor predileta. Entre as mulheres acima dos 50 anos, em compensação, apenas 6% declararam ter a "não cor" como o seu eleito. Um dos motivos para a moçada eleger o preto é a associação com itens de luxo, como roupas de grife e carros. Já os mais velhos o associam com o final da vida.

Tonalidade associada à pureza, à honestidade e ao divino, o BRANCO não é uma cor segundo a teoria óptica da física. Ele é, na verdade, a soma de todas as cores da luz. Isso porque, quando decompomos a luz incolor, surgem as luzes vermelha, laranja, amarela, verde, azul e violeta. Mas, como matéria-prima colorida, o branco foi a cor mais importante para os impressionistas. Diferentemente de seus predecessores, os pintores impressionistas usavam o branco como cor de fundo, e não o marrom ou o cinza, como se fazia anteriormente.

Ok, mas você deve estar se perguntando o que tudo isso tem a ver com o seu estilo e com elegância. Então saiba que, no universo da moda, além dos significados, as cores são fonte quase inesgotável de criação e combinações – que podem ajudar você, e muito, a decidir o que pinçar dentro do seu guarda-roupa a cada dia.

E já faz algum tempo que gente estudiosa e inteligente vem se debruçando sobre as maneiras mais harmoniosas de mesclar os tons. O pintor, professor e pesquisador suíço Johannes Itten (1888-1976), ligado à escola Bauhaus, foi uma dessas pessoas. Ele desenvolveu a teoria do círculo cromático formado por 12 cores. A partir de combinações pré-determinadas, é possível mesclar de forma harmoniosa as tonalidades que compõem essa roda. Inclusive na hora de montar o seu look.

Te contei?

O branco foi a cor que simbolizou a moda Império, depois da Revolução Francesa (1789). Com a ascensão dos valores de liberdade, igualdade e fraternidade (pregados pela burguesia), passou-se a valorizar a limpeza visual dos trajes. A opulência do vestuário foi substituída pela simplicidade, e os vestidos femininos tornaram-se uma espécie de camisola solta de cintura alta, normalmente feita de musselina ou cambraia branca.

O CÍRCULO CROMÁTICO DE ITTEN

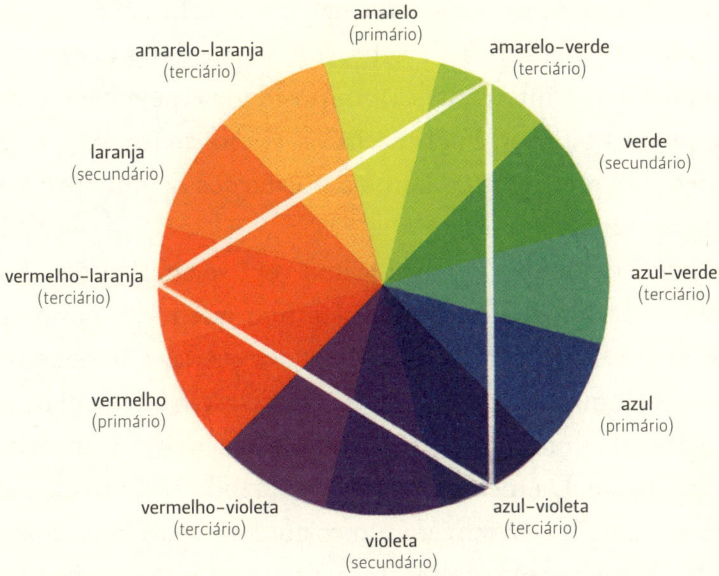

De acordo com essa teoria, as melhores maneiras de mesclar os tons são as seguintes:

- **Cores complementares** (opostas nos círculo cromático): como laranja e azul, verde e vermelho, ou amarelo e violeta. Essas cores têm alto contraste, criam um efeito dramático e deixam o visual moderno.
- **Cores análogas** (ficam lado a lado no círculo): azul e verde, azul e violeta, e laranja e amarelo. Essa combinação tem baixo contraste e produz um efeito harmonioso.
- **Tríade** (imagine um triângulo no centro do círculo: as cores ficam nas pontas): como violeta, laranja e verde, ou amarelo, azul e vermelho. Esse tipo de mescla de cores é para as mais ousadas ou para ambientes informais.
- **Monocromia** (combinação da mesma cor em diferentes intensidades): funciona com todas as cores. É uma mistura fácil de fazer e que simboliza sofisticação. Se usada com texturas diferenciadas, traz criatividade ao visual.

Mais recentemente, designers e estilistas sofisticaram o estudo das cores para entender como elas reagem à coloração pessoal de cada um (cor da pele, cabelos e olhos). A partir daí, as cores foram classificadas por sua intensidade, luminosidade e pela característica de serem quentes ou frias. Foram criados, então, quatro grupos básicos de cores, que receberam o nome das estações do ano: primavera, verão, outono e inverno.

O objetivo de definir em qual grupo você se encaixa não é outro senão melhorar a sua aparência. Vale lembrar que todo mundo pode usar todas as cores: basta que elas estejam adequadas à temperatura, à intensidade e à luminosidade correta. Quando estão adequadas, as cores são capazes de iluminar a pele, diminuir as olheiras e amenizar as linhas de expressão. Da mesma forma que, quando estão inadequadas, podem deixar a pele acinzentada e o rosto com aparência cansada e envelhecida. Lembre-se da frase "Tem algo diferente em você hoje!", à qual me referi no capítulo "O primeiro encontro".

#ficaadica

- Do ponto de vista do vestuário, a melhor forma de combinar cores é usar uma cor neutra na maior parte da roupa e adicionar uma segunda cor, que pode ser neutra ou viva. Para manter a harmonia, ao usar mais de uma cor, é interessante que elas tenham a mesma intensidade. Por exemplo: misture uma cor viva com outra cor viva; um tom pastel com outro tom pastel.

Te contei?

A combinação entre preto e branco é a mais clássica da moda. Por representar o contraste máximo entre dois tons, transmite segurança e personalidade. Quem usa essa combinação parece dizer: "Comigo é tudo preto no branco". Um texto escrito em letras pretas sobre uma superfície branca é o mais legível possível, mesmo que as letras sejam pequenas. Isso favorece a compreensão de textos mais longos e com o conteúdo desconhecido. Nesse caso, as cores tornariam a tarefa mais cansativa. O contrário, no entanto, não é verdade: letras brancas escritas sobre uma superfície preta gera uma impressão negativa, que banaliza o texto devido à pouca legibilidade. Foi o estilista francês Yves Saint Laurent que popularizou a combinação entre o azul-marinho e o preto, aparentemente dois tons difíceis de ficarem bons juntos. Pois hoje eles não apenas são fáceis de ver por aí como também frequentam os salões mais elegantes.

Os profissionais que lidam com consultoria de imagem possuem toda uma técnica para chegar à cartela de cores de seus clientes. Mas, de maneira geral, com um pouco de observação, qualquer mulher consegue definir quais tons a favorecem – e quais a derrubam.

E não tem jeito melhor de fazer isso do que experimentando diversas cores e se olhando no espelho, de preferência sob a luz natural. Faça o teste com cores contrastantes e de diferentes "temperaturas": branco × creme, vermelho-tomate × vermelho-cereja, preto × marrom. Na verdade, as mulheres, sensíveis que são, já têm uma ideia dos tons que caem melhor na sua pele. É só uma questão de experimentar – e de confirmar. E de fazer, daqui para a frente, um uso mais eficiente das cores!

#ficaadica

- O que define a "temperatura" de uma cor é o seu subtom. Esse subtom pode ser amarelado (e deixar a cor quente) ou azulado (deixando a cor fria). Por exemplo: existem vermelhos quentes (alaranjado) e os vermelhos frios (cereja). Existe branco frio (o branco-neve) e o branco quente (o chamado *off-white*).
- A luminosidade, ou valor, de uma cor se refere ao seu brilho: vai do claro ao escuro.
- A intensidade se refere ao grau de pureza (ou de saturação) de uma cor. Uma cor pouco intensa é aquela que já foi muito misturada.
- Normalmente, quem fica melhor com cores quentes deve evitar usar o preto próximo do rosto – para não deixar a expressão pesada, entristecida.

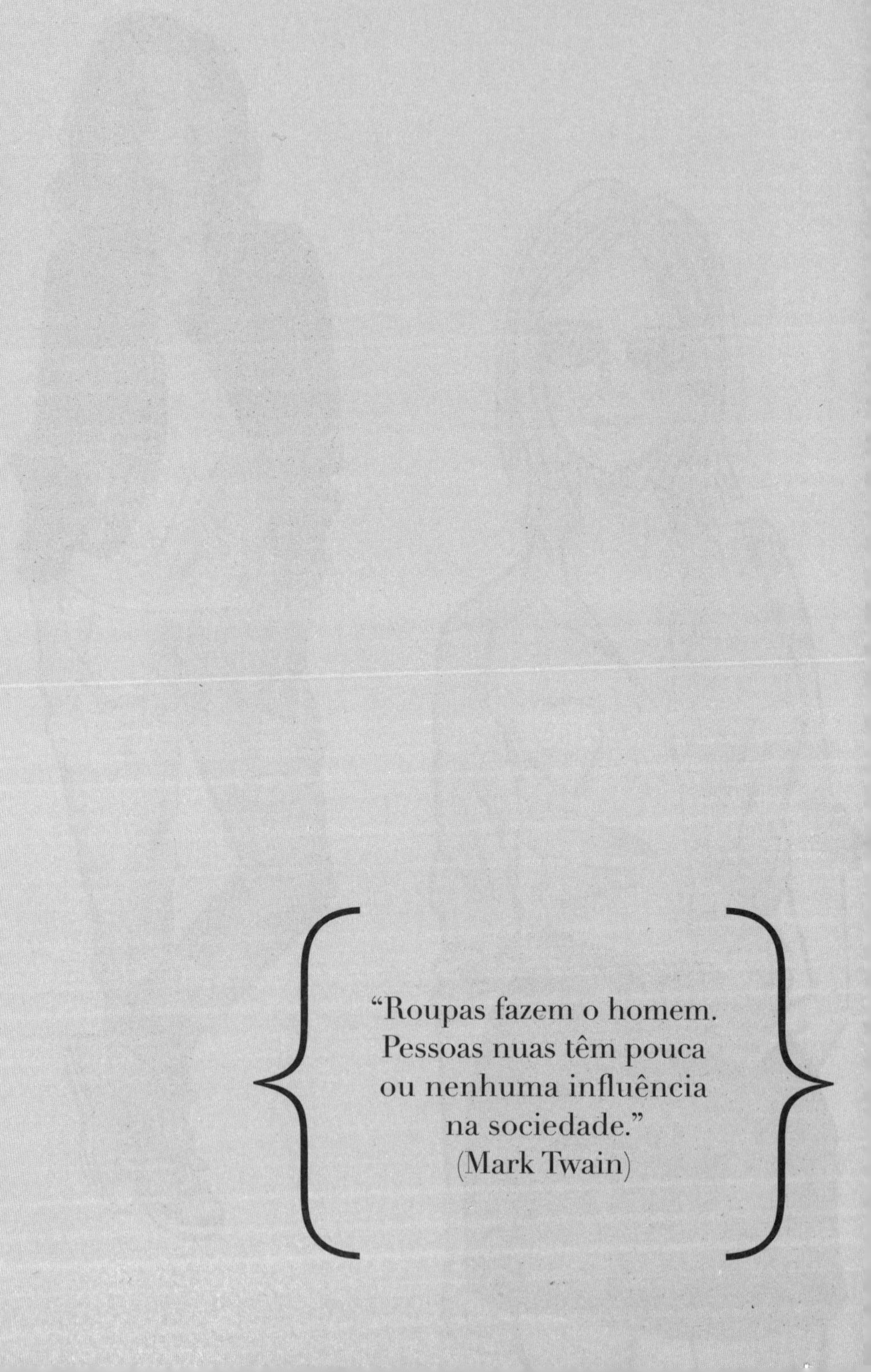

"Roupas fazem o homem.
Pessoas nuas têm pouca
ou nenhuma influência
na sociedade."
(Mark Twain)

VOCÊ, “PESSOA JURÍDICA”

Neste capítulo, vamos tratar daquele período do dia em que o seu estilo, por melhor que seja, terá de ficar em "*stand by*". Como uma profissional, você terá necessariamente uma imagem pela qual zelar. E isso tem pouco – ou quase nada – a ver com moda. Durante essas horas do dia (às vezes, também da noite) em que passará sendo uma "pessoa jurídica", você terá de deixar de lado parte da sua personalidade para assumir uma "persona" corporativa. Você é parte de uma engrenagem. Sendo assim, não será permitido abusar da liberdade de estilo, seja ele qual for.

No mundo corporativo, a roupa é um cartão de visita, uma maneira de demonstrar solidez, eficiência e até bom gosto. Dominar a linguagem do vestuário é como falar outro idioma: só tem a somar no currículo.

Olhe para o seu guarda-roupa como um general olharia para a sua tropa. Ali dentro está reunida uma parte importante de seu arsenal para vencer na vida profissional. Formação sólida e uma grande competência são fundamentais, é óbvio, mas uma imagem inadequada pode atrapalhar um bocado, afetando a percepção do outro a seu respeito. A imagem comunica, ela fala sobre você antes mesmo de a primeira palavra ser dita. E é melhor que ela só fale bem.

Você sabia que alguns experimentos já comprovaram que mulheres que se vestem de forma masculina para uma entrevista de emprego têm maiores chances de serem contratadas? E que um auxiliar que usa roupas formais é percebido como mais inteligente do que aquele que se veste de maneira casual?

Pois é. Portanto, tenha em mente que esse não é o momento para ser *fashion* ou para abusar de seus atributos de *femme fatale*. É bom evitar as tendências de moda, porque elas não costumam passar a imagem de eficiência e credibilidade que a ocasião exige. A moda é considerada frívola por muitos. E é também passageira, sazonal. A roupa de trabalho precisa transmitir solidez; é algo menos perecível, não fica mudando a cada nova estação como acontece com o figurino social ou de lazer.

Mesmo que a sua revista de moda preferida recomende usar o jeans puído e top curto (o tal *cropped*), vestido-bandagem ou outros itens extravagantes, esqueça: esse não é o visual condizente com 99% das atividades profissionais. E, se você não for Lady Gaga, Miley Cyrus ou Kim Kardashian, não tem desculpa para ser "vítima da moda". Cada profissão ou cargo tem um padrão, um código visual que o distingue. Respeitá-lo é uma de suas atribuições de mulher profissional e independente.

E isso não vale apenas para funcionárias com carteira assinada, mas também para as autônomas: ao exercer uma função, é preciso vestir-se de acordo com as regras e as particularidades daquela atividade – ou a sua imagem pode ficar comprometida.

É o momento de se enquadrar. Aliás, esse momento começa antes mesmo de você estar empregada: o ideal é que, já na entrevista, você se vista conforme o cargo que está querendo conquistar. Não se engane: a sua imagem será avaliada tanto quanto o seu currículo. E você terá, nessa hora, a chance de mostrar que tem familiaridade com o universo daquela companhia e da atividade em questão. Ponto para você!

Cá entre nós, tudo seria mais fácil se as próprias companhias criassem e divulgassem o seu "código de vestimenta". Isso orientaria os funcionários e preveniria uma série de absurdos cometidos dentro do escritório. Mas, como a maioria das corporações não toma essa medida preventiva, o jeito é apelar para o seu melhor amigo: não, não sou eu, mas o bom senso. Segure na mão dele e vá em frente.

Te contei?

No livro *Honey Money: the Power of Erotic Capital*, a socióloga Catherine Hakim, da London School of Economics, explica a sua teoria sobre as vantagens do "capital erótico" de um indivíduo. Calma, isso não tem nada a ver com sexo! O que ela chama de "capital erótico" nada mais é do que um conjunto de virtudes que uma pessoa pode ter e que reúne, além da beleza física, outros atributos, como a elegância na maneira de se vestir. Segundo ela, mulheres com formação cultural e intelectual semelhante à de outras profissionais, mas com maior "capital erótico", chegam a ganhar um salário 20% maior. Outro estudo, feito pela Universidade Northwestern, dos Estados Unidos, mostrou que a roupa certa não influencia apenas a maneira como os outros olham para nós, mas como nós mesmos nos enxergamos. De acordo com esse estudo, a gente não pensa apenas com o cérebro, mas também com o corpo. Isso ocorre porque aquilo que a gente experimenta na pele desencadeia conceitos abstratos que formam o pensamento. Essa teoria tem nome pomposo: cognição incorporada. Segundo ela, o que vestimos têm o poder de mudar a maneira como nos sentimos. Isso quer dizer que, quando colocamos as roupas certas, assumimos uma determinada função mais facilmente – como se a roupa tivesse o poder mágico de nos prover de determinadas capacidades. E capacidade, competência, dinamismo e sucesso é tudo o que se quer, certo?

ANTES DE TUDO, EXIJA QUALIDADE

Seja honesta e responda: o que transmite maior credibilidade? Uma roupa com tecido e corte impecáveis ou uma peça do tipo "bonitinha"? Antes de responder, lembre-se: o "bonitinho" é irmão do feio! E é assim que você será julgada. Você sempre será confundida com o que veste: uma roupa meia-boca vai fazê-la parecer uma profissional meia-boca. Cruel, não? Mas verdadeiro.

Portanto, antes de entrarmos nos detalhes dos estilos *formal e casual*, tem uma coisa que serve para todas: a qualidade é imprescindível.

E como reconhecer uma roupa de qualidade? Para começar, ela veste bem, como se fosse um abraço, e não restringe os movimentos. A escolha do tecido é muito importante – ele é o aspecto mais sensual da roupa, pois simboliza a pele. E as suas características – aspereza, maciez, brilho, sofisticação – serão sempre atribuídas à pessoa que o utilizar. Faça o teste antes de comprar uma peça de roupa: esfregue o tecido no rosto. A sensação foi boa? A matéria-prima, provavelmente, também é. Mas não precisa fazer quatro passos de jazz, imitar o movimento da musculação ou do alongamento para sentir essas sensações – aliás, quase ninguém precisa fazer esses movimentos que alguns ainda insistem em fazer nas lojas, inclusive com o provador aberto.

É muito importante saber do que as roupas são feitas. Você não se preocupa com os ingredientes da sua comida? Então: os fios e fibras são os "ingredientes" de um tecido.

As fibras se dividem em:

- **Naturais** (como o nome diz, elas vêm da natureza, e por isso são as mais nobres): lã, seda, algodão, juta, linho etc.
- **Sintéticas** (obtidas da indústria petroquímica): poliéster, acrílico, poliamida (náilon) e elastano (a mais conhecida é a Lycra®).
- **Artificiais** (obtidas de elementos da natureza, como a celulose, e industrializadas): viscose, acetato, liocel e modal.

Bastante popular na indústria têxtil, o poliéster dá origem a tecidos com um certo brilho, muitas vezes quentes, dependendo da espessura da fibra e da tecnologia na confecção do tecido. Já a poliamida, muito usada na malharia e em roupas de ginástica, normalmente agrega tecnologias, como a proteção contra raios UVA e UVB ou propriedade antibactericida. Em geral, é mais confortável do que o poliéster e permite a fabricação de tecidos que secam rapidamente e amassam muito menos, dispensando o uso do ferro de passar. A viscose e suas "irmãs" são fibras de celulose obtidas a partir da polpa da madeira. Costumam ser mais frescas e confortáveis que os fios sintéticos.

#ficaadica

- A nomenclatura usada pelo varejo de moda muitas vezes induz o consumidor ao erro. Um exemplo: cetim não é a matéria-prima de um tecido, mas um tipo de construção (de trama) de tecido. É a forma como os fios são agrupados que permite o efeito acetinado. Mas o tecido pode ser feito de fios nobres, como a seda, ou de sintéticos, como o poliéster. E isso faz toda a diferença no resultado – e no preço.
- Sarja e tafetá são os outros dois tipos de construções básicas da tecelagem – e podem ser feitos de diferentes tipos de fios. A sarja de algodão e o tafetá de seda são os mais conhecidos.
- Atenção ao toque: o tecido precisa trazer conforto, para que você não se lembre dele ao longo do dia.
- Ainda sobre os tecidos: prefira aqueles feitos de fibra natural ou de fios tecnológicos, que deixam a pele "respirar" e previnem o cheiro do suor. Roupa de trabalho fica em contato com o corpo muitas horas por dia!

ESTILOS

Em uma escala de formalidade, as profissões relacionadas a instituições bancárias e financeiras costumam ocupar o posto mais alto, enquanto as áreas de publicidade e de comunicação, o mais baixo. Diferentes departamentos também pedem diferentes graus de formalidade. A diretoria e a área financeira de uma empresa costumam ter um número maior de engravatados e mulheres de terninho. Já os departamentos de marketing, comunicação, recursos humanos e design, por exemplo, reúnem funcionários com um visual mais descontraído. Mas tudo vai depender de alguns fatores na empresa: segmento, filosofia, código de vestimenta, entre outros.

#ficaadica

- Mesmo que você tenha o corpo fora do padrão (por exemplo: é alta ou baixa demais, está acima do peso ou tem as pernas mais longas que o tronco), não precisa andar mal-ajambrada. Os serviços de camisaria e alfaiataria sob medida estão aí para isso. Mesmo que as peças custem mais caro, elas vestem melhor e podem operar milagres na sua aparência. É melhor ter menos roupas, mas ter itens que vistam impecavelmente.
- As camisas femininas precisam ter a costura certa no ombro, mas não podem abrir na altura do peito. Se não encontrar um modelo pronto que vista bem, o melhor é mandar fazer sob medida. Não economize nisso!
- Parece básico, mas muitas mulheres não sabem: a calça comprida precisa ser de tamanho correto e vestir bem na parte mais larga do corpo (na brasileira, costuma ser o quadril). Não há elegância que resista a uma roupa apertada. Acerte-se com os quadris, porque o tamanho da cintura pode ser ajustado.
- Combine a cor da meia-calça com a cor da roupa ou do sapato; é menos arriscado.
- Peças de tecido mais encorpado também são recomendadas, uma vez que têm caimento melhor e não marcam no corpo.
- E nunca é demais lembrar: as costuras precisam estar em perfeito estado, as barras, feitas, e os botões, bem fixados (Dica: eu costumo mandar reforçar todos os botões de minhas camisas e casacos novos, por precaução).

ESTILO FORMAL

Se você é uma alta executiva, CEO de uma empresa ou advogada, atenção: é para você que estamos falando. Anime-se! Ao contrário do que muita gente pensa, vestir-se de maneira formal não é difícil – na verdade, é bem mais fácil. Isso porque, pelo limitado número de peças admitidas nesse ambiente profissional, as chances de erro também são mínimas. Para começar, tenha em mente que a alfaiataria será a sua melhor companheira na conquista por uma imagem de competência e confiabilidade.

Como você deve saber, esse uniforme executivo foi emprestado do guarda-roupa masculino. Ternos, blazers, camisas e calças foram, primeiramente, peças para vestir os homens para o trabalho. Mas, graças a um empurrãozinho da moda – que começou no fim do século XIX –, é grande a variedade de peças femininas com essa linguagem. Adotá-las, no entanto, não significa "masculinizar" o visual: as bijuterias, os lenços e o próprio desenho das roupas estão aí para ajudar você a se vestir para o sucesso sem apagar a sua imagem de mulher.

Te contei?

A primeira aparição de mulheres usando calças compridas se deu em 1890, com a introdução da bicicleta como meio de transporte. No começo, a peça era uma saia-calça, feita apenas para facilitar a pedalada. Foi somente a partir de 1920 que mulheres e meninas passaram a ser vistas usando calças e shorts para a prática de esportes. A sociedade da época, no entanto, desaprovava a novidade, dizendo se tratar de algo nada atraente sexualmente. Não dá para falar de mulheres em trajes tipicamente masculinos sem lembrar da atriz Marlene Dietrich. Em plenos anos 1930, ela surgiu usando ternos, casaca e cartola, evocando uma imagem andrógina de poder e erotismo. O truque para não perder a feminilidade estava não apenas na atitude da atriz, mas no corte da roupa: o paletó, por exemplo, tinha lapelas largas que realçavam o busto e era fechado por um único botão central posicionado na cintura. Dessa forma, a peça deixava o corpo mais curvilíneo e sensual. Dietrich não era nada boba! Lá pelo fim dos anos 1960, o surgimento da moda unissex embaralhou novamente os conceitos de roupa de mulher e de homem, jogando tudo num caldeirão psicodélico. Em 1971, o estilista Yves Saint Laurent reforçou a mensagem com uma coleção inspirada nos anos 1940 que abusava, por exemplo, do tecido risca de giz, tipicamente do universo masculino. Pierre Bergé, que foi companheiro e sócio do estilista, definiu muito bem as intenções de Saint Laurent: "Chanel deu liberdade às mulheres. Yves Saint Laurent lhes deu poder". E agora muitas lojas de departamento de luxo não separam mais suas peças como masculinas ou femininas. Simplesmente, nos anos 2015, o que importa é a coleção, sem gênero.

Impossível pensar em roupa formal sem pensar em qualidade. Como já dissemos, ela é essencial. Sendo assim, não se prive de gastar um pouco mais. Enxergue essa atitude não como despesa, mas como um investimento na sua imagem. Até porque é com esse figurino que você passará a maior parte do dia. Já imaginou descobrir, no meio do expediente, a falta de um botão na camisa ou o zíper da calça quebrado? Outro argumento em favor desse investimento está nas particularidades dos ambientes que adotam o figurino formal: normalmente são escritórios munidos de ar-condicionado e protegidos das oscilações de temperatura. Na prática, isso significa que você não vai precisar investir em um novo guarda-roupa a cada mudança de estação. Se vai comprar menos, então compre melhor!

Em termos de estilo, o clássico é o que vai melhor aqui. É ele que deve formar a base do guarda-roupa. Atenção aos conjuntos que estão acima de qualquer suspeita: o terninho, o tailleur e a dupla vestido-tubo com blazer. Com a base estruturada, você pode acrescentar algumas peças ou acessórios contemporâneos – até mesmo pinçados dos *fast-fashion* – para dar aquele toque de ousadia ao conjunto.

O importante é que a roupa, mesmo seguindo um código restrito de formalidade, tenha o que nós, consultores de imagem, chamamos de um "ponto focal". Ou seja: o visual precisa ter um elemento que se destaque. Pode ser uma peça mais chamativa (uma blusa com uma cor viva), um acessório (colar, broche, cinto com fivela) ou mesmo uma cor localizada pontualmente (em um lenço ou gravata). Ter um destaque no look é o que basta para quebrar a monotonia do uniforme formal.

A seguir, uma listinha com os itens indispensáveis ao seu guarda-roupa formal:

Blazer

Deve ser de tecido plano (lã fria, algodão e mistura de fibras naturais e sintéticas) e ter ombreiras: nada de exagero; apenas para dar imponência ao visual. O comprimento correto da peça é na altura da metade do quadril – que veste bem a maioria dos tipos de corpo. O modelo com abotoamento simples e cintura levemente marcada é ótimo porque mantém o toque de feminilidade. Valem os de lapela tradicional, os sem lapela ou mesmo os de gola xale, que é a mais sofisticada e elegante. Ah, e, para quem não sabe, as mulheres também podem usar blazers com abotoamento duplo, os chamados "jaquetões". Eles também transmitem uma imagem de autoridade.

Variações:

De algodão

Tem a vantagem de ser o mais fresquinho, pela própria característica do tecido. Um pouco de fio de elastano na mistura ajuda nos movimentos. Um tecido com acabamento encerado ou acetinado também é interessante, pois deixa a peça mais requintada.

De couro

Apesar do apelo sensual (couro é pele, afinal de contas), um bom paletó de couro pode ser uma opção para a sexta-feira casual ou para aqueles dias em que não será necessário deixar o escritório para encontrar clientes. Atente apenas à modelagem da peça: ela deve ter corte de alfaiataria, como um blazer tradicional. Modelos que remetem ao universo do rock ou do motociclismo só servem para o figurino casual ou de lazer.

#fica a dica

- Os cardigãs de cores sóbrias transitam bem pelo ambiente de trabalho mais formal. Experimente usá-lo por cima de uma clássica camisa branca, acompanhado de uma saia de *tweed*. Essa é uma combinação sem erros e perfeita para uma mulher elegante, que transpira credibilidade.

Calça reta

Também de tecido plano e com corte reto de alfaiataria. Atenção redobrada à numeração, que, como dissemos, deve vestir bem nas coxas e nos quadris. Se precisar, mande ajustar na cintura. Falando nela, é justamente aí que o cós da calça deve ficar, e não lá embaixo, perto do púbis. Calça de cintura baixa pode revelar demais – lembre-se, passamos boa parte do dia sentados! Além disso, parece uma prateleira para apoiar a barriga: não há elegância que resista a ela.

Outro ponto importantíssimo: a barra. Ela não pode jamais enrugar sobre o sapato, muito menos se arrastar pelo chão. O único jeito, portanto, é marcá-la para ser usada com um determinado tipo de sapato. O correto é que a barra termine um pouco abaixo da junção do sapato com o salto, a 1,5 centímetros, aproximadamente, do chão. Calças mais estreitas podem ter a barra mais curta. Já as peças de modelagem *flare* ou as pantalonas devem ser usadas com saltos mais altos e ter a barra próxima ao chão, cobrindo boa parte do sapato.

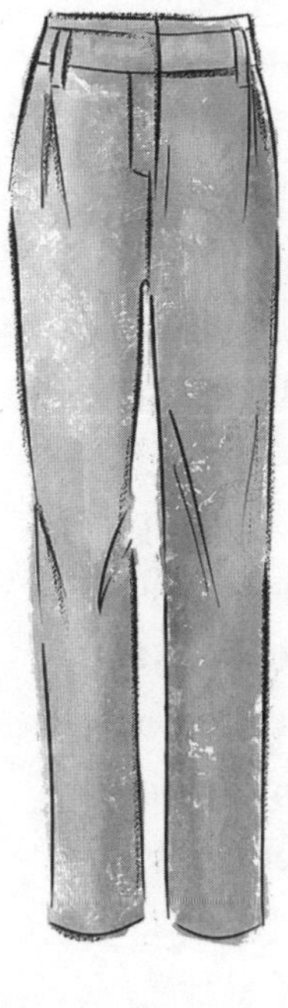

Saia

É preferível que seja reta, de tecido encorpado (para não marcar a lingerie) e que termine na altura do joelho. Mas a modelagem evasê também é uma opção. Evite, no entanto, o modelo *lápis*, muito justo, ou o *trompete*, muito sensual. Eles podem deixar o visual inadequado para o trabalho.

Vestido

Aqui também os modelos de alfaiataria levam vantagem, pois transmitem feminilidade sem fragilizar a imagem da profissional. O que se deve evitar são alças finas, estampas chamativas e modelagens justas demais. Vale até usar os feitos de malha, desde que o material seja encorpado e não marque as formas – e o que garante isso é o peso da malha e a numeração correta da roupa. Vestidos de tecido estruturado ajudam a manter o corpo velado e ficam mais adequados ao trabalho. Da mesma forma que modelos de tecido fino, como seda, muito esvoaçantes, devem passar longe do escritório.

Entre as sugestões de modelos estão o redingote (vestido-casaco), o chemise e o vestido-tubo. Um modelo que também fica lindo nesse ambiente é o vestido-envelope, que é comportado e muito feminino. A peça ideal tem mangas compridas e um pequeno decote em "V" – eu disse pequeno! Novamente, o cuidado aqui é com a escolha do tecido ou da malha, que não podem ser muito finos ou transparentes. Melhor optar por uma base mais pesada, que desenhe a silhueta sem ser vulgar. A matéria-prima também é importante: prefira as fibras naturais, que não "pegam" cheiro.

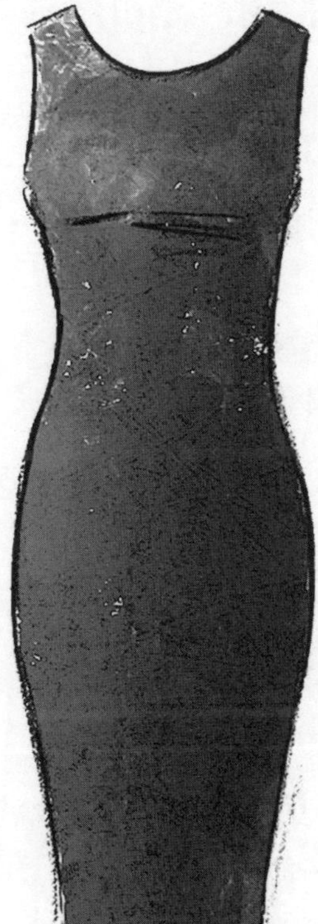

Te contei?

O *wrap dress*, ou vestido-envelope, foi imortalizado pela estilista Diane Von Furstenberg, nos Estados Unidos, no início dos anos 1970. A estilista baseou o desenho do vestido em uma blusa transpassada usada por Julie Nixon Eisenhower (filha do presidente Richard Nixon). Logo a peça caiu no gosto das mulheres e é, até hoje, a marca registrada de sua grife, a DVF. Segundo Diane, o seu desejo era desenhar uma roupa que não tivesse a estética hippie mas que também não tivesse o rigor dos terninhos executivos, que ocultavam a feminilidade. Além de feminina, a peça não possuía zíperes, botões ou outros aviamentos desconfortáveis, garantindo liberdade e prazer de vestir. Versátil, o vestido-envelope transita muito bem – e até hoje – das festas ao ambiente de trabalho. Basta mudar o tipo de acessório. Bingo!

Blusas e camisas

Independentemente do modelo escolhido, a regra é clara: ele precisa ser mais comportado e neutro. Estão vetadas, portanto, as camisetas de algodão, as camisas polo e as regatas, esportivas demais para esse ambiente e ocasião. Blusas de tecidos nobres, como seda, levam vantagem nesse momento, porque reforçam a ideia de solidez e credibilidade. Isso, desde que não revelem ou marquem demais as formas. Decotes carecas são mais versáteis, pois não brigam com colares ou lenços amarrados no pescoço. Tricôs de seda são também belas opções, sendo usados sozinhos ou por cima de camisas.

Por falar em camisas, elas devem acomodar bem os seios, para não deixar aquelas terríveis aberturas entre os botões que revelam o sutiã. A modelagem acinturada é uma boa escolha para amenizar a imagem masculinizada que a camisa pode transmitir. As feitas de algodão são as mais frescas e confortáveis. Mas um percentual pequeno de fios de elastano na composição da peça traz conforto para os movimentos e a deixa menos amarrotada.

Como estamos tratando de um ambiente mais "careta", as melhores escolhas para as camisas são as lisas ou as listradas. A vantagem das listradas (linhas verticais) é que elas ajudam a "afinar" o tronco – desde que se comportem como linhas retas, e não parênteses.

Cores

As melhores cores para compor um figurino formal são as neutras, como o branco, o cáqui, o azul-marinho e o preto. Na dúvida, pense em Coco Chanel, um dos maiores símbolos de elegância. Ela provavelmente não usaria um terninho pink. E você também não, a menos que queira passar um ar infantil ou excêntrico. Mas também não é por isso que você precisa vestir-se de preto da cabeça aos pés. O visual *total black* pode transmitir uma imagem de alguém distante e pouco amigável. Evite a cor cinza na parte de cima da roupa. Apesar de também ser neutra, essa é uma cor que pode evidenciar rugas e olheiras, dependendo do seu tom de pele.

Se optar por utilizar uma cor só dos pés à cabeça, escolha tecidos com diferentes texturas ou use acessórios interessantes, para quebrar a monotonia. O tom sobre tom é outra combinação clássica e que transmite sofisticação.

Te contei?

Uma das cores preferidas do mundo corporativo, o cinza, foi objeto de diferentes teorias a respeito de sua configuração. Enquanto Newton havia demonstrado que a soma de todas as cores da luz é o branco, o poeta Johann Wolfgang Goethe tinha outra opinião. Segundo a sua teoria das cores (1810), a soma de todas as cores dá o cinza – ou o "turvo", como ele dizia. Na psicologia das cores, o cinza simboliza o tédio, o antiquado, a insensibilidade e os sentimentos sombrios (*A psicologia das cores*, Eva Heller).

Estampas

Os desenhos geométricos são os mais recomendados para esse tipo de ambiente profissional. De acordo com estudos sobre a linguagem das roupas, os padrões de listras, xadrez e outras imagens geométricas têm relação com o desejo de ordenar o universo. As listras, em particular, remetem à capacidade de "andar na linha", sugerindo retidão e confiabilidade – o que explica o fato de essa padronagem ser a preferida do universo executivo.

As de bicho devem ser evitadas, pelo ar sexy que transmitem. Se usá-las for irresistível, então que seja em um acessório. Mas atenção: em um apenas. Nada de usar sapato, bolsa e cinto com estampa de bicho, para não ficar parecendo a noiva do Tarzan.

Estampas chamativas e coloridas, em geral, também devem ficar de fora do ambiente de trabalho formal, pelo poder que têm de

desviar a atenção. Se fizer muita questão de estampas, escolha então as de cores pouco contrastantes – mais suaves de serem vistas. Mas a melhor opção de todas, para variar dos tecidos lisos, é misturar peças com diferentes texturas, como *tweed* com seda ou linho com cetim. A combinação da superfície fosca com a brilhante quebra a monotonia sem exagerar. O único cuidado nesse caso é para não mesclar duas texturas muito chamativas ou volumosas – pense em uma lã buclê combinada a um tecido inteiro "peludo": o visual pode ficar poluído. Nesse tipo de combinação, uma textura deve prevalecer.

Florais são perigosos nesse ambiente formal, uma vez que podem dar à roupa um ar romântico ou até ingênuo. Isso não combina, por exemplo, com uma alta executiva que precisa se fazer respeitar em um ambiente majoritariamente masculino ou com uma advogada que precisa defender o seu cliente diante de um tribunal. Se não quiser abrir mão de flores, escolha estampas estilizadas, que sugiram o tema sem abusar do colorido ou do tamanho.

TE CONTEI?

Na história da indumentária, a espessura das listras não é fruto do acaso. As mais finas estão relacionadas às atividades que requerem atenção aos detalhes, esforço mental ou intelectual. Por sua vez, as listras largas sugerem atividades nas quais está envolvido o esforço físico – caso de esportes como o atletismo e o rúgbi. O uniforme listrado dos prisioneiros foi assim concebido para fazer menção às grades da prisão. O universo do vestuário "tomou emprestado" o padrão para produzir pijamas para senhores de meia-idade – em uma alusão à imagem do casamento como prisão masculina. A sequência de listras horizontais azuis e brancas remete ao universo náutico, provavelmente pela semelhança com a linha do horizonte. Os marinheiros franceses lançaram essa moda nos anos 1920 e a espalharam pela Europa e pelas Américas (*A linguagem das roupas*, Alison Lurie).

ACESSÓRIOS

Bolsa

O ideal é separar os objetos pessoais dos profissionais. Como? Com duas bolsas: uma para carregar coisas como carteira, celular e nécessaire e outra que pode ser uma pasta ou ter um formato de sacola para levar *notebook*, *tablet*, blocos, canetas e afins. Assim, não se corre o risco de procurar uma caneta e tirar da bolsa, sem querer, um batom.

E, por favor, comedimento no tamanho da bolsa. Tenha em mente que bolsas enormes, cheias e pesadas transmitem uma imagem de desorganização. Ou seja, não combina com a mulher eficiente que você é. Os modelos estruturados, com alças curtas e de tamanho médio são os ideais para a ocasião e se harmonizam bem com quase todos os tipos físicos (leia mais sobre os tipos físicos na página 143).

#ficaadica

- Não exagere nos logotipos. Se isso já não pega bem em ocasiões sociais, no trabalho, então, é péssimo. A menos que você trabalhe para a Gucci ou para a Louis Vuitton, não tem justificativa para usar um acessório repleto de iniciais de grife. Derek Blasberg, editor especial da revista *Harper's Bazaar* e autor do livro *Classy* ensina que você não deve usar nada que tenha o logotipo maior do que a metade de sua mão fechada quando você tinha cinco anos. Ou seja, quem deve aparecer é o seu estilo, não a marca que você carrega.

Joias e bijuterias

Cuidado com elas. A discrição, neste caso, também é regra. Cuidado com o excesso de brilho. O que você usa, como já dissemos, não deve roubar a atenção do interlocutor. Portanto, brincos gigantes (do tipo candelabro), colares volumosos ou outras peças grandes e coloridas devem ser reservadas aos momentos de lazer.

Outra coisa: adequar o estilo do acessório à roupa de trabalho é importante. Isso significa que as bijuterias com aspecto artesanal/étnico não caem bem com o desenho clássico das roupas formais. Não importa quanto você seja apegada à natureza, terá de deixar a pulseira de sementes feita por índios para usar em outra ocasião. Outros materiais a serem evitados são: *strass*, acrílico, plástico colorido, conchas, dentes de tubarão, ossos e madeira.

Para não errar, o melhor é apostar em metais nobres (ouro e prata), em peças com pedras naturais e nas pérolas – estas, a expressão máxima do estilo clássico/formal.

Colares

Não resiste a um maxicolar? Então mantenha-o dentro da camisa, para que apenas alguns de seus detalhes apareçam.

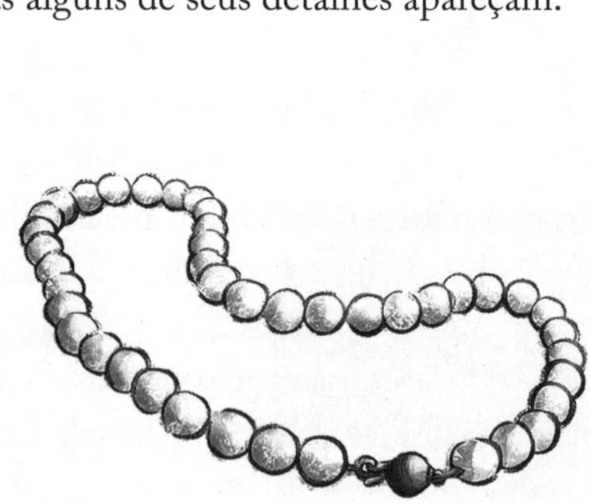

Broches

Sim, broches. Esse é um tipo de joia/biju muito pouco aproveitado atualmente. O que é uma pena, pois se trata de um ótimo recurso para tirar a roupa clássica do lugar comum. Pode ser usado na lapela e também no colarinho de uma camisa, como se fosse uma gravata "borboleta". Variedade de modelos é o que não falta. E quem quiser um modelo acima de qualquer suspeita deve investir em uma camélia na lapela. Se for uma autêntica Chanel, então, o sucesso está garantido.

Pulseiras

Elas não devem, em hipótese alguma, fazer ruído algum quando você se mexer. Há poucas coisas mais irritantes do que o barulho de metal tilintando durante uma reunião. Quem precisa digitar muito no computador também deve evitar o acessório, que fatalmente ficará batendo na mesa durante boa parte do dia (lembre-se de que você não está sozinha!) Mas se esse não for o seu caso, e você realmente quiser causar impacto, inspire-se em Coco Chanel: use dois braceletes idênticos, um em cada punho, e só. O efeito é arrasador.

Te contei?

Os braceletes que ficaram famosos nos punhos de Coco Chanel são obras do joalheiro italiano Fulco di Verdura, parceiro da estilista na pesquisa pelo universo da joalheria antiga, nos anos 1930. Inspirado na arte bizantina, o bracelete trazia a Cruz de Malta desenhada com pedras preciosas, e é até hoje um marco no estilo da estilista (e pode ser visto na icônica foto de Chanel feita por Man Ray).

A joalheria, ainda na ativa, produz várias – e caríssimas – releituras desses braceletes.

Sapatos

Novamente é preciso reforçar a questão da qualidade, afinal, é o sapato que suporta o peso do nosso corpo. Se ele não for feito com a melhor matéria-prima e com uma estrutura reforçada, não vai aguentar o tranco. Por conta disso, o melhor é não economizar comprando modelos que são bonitos, mas de qualidade duvidosa. Tenha menos pares, mas garanta o seu conforto. Não tem nada pior do que chegar à metade do expediente sem conseguir caminhar por conta de bolhas nos pés. Nenhuma economia vale esse sofrimento. Sapato bom custa um pouco mais caro, mas depois você vai agradecer.

Uma vez escolhido um modelo de qualidade, é hora de pensar no salto. É fato que saltos altos ajudam a dar uma postura ereta e elegante, mas não tem nada pior do que uma mulher de saltos altos que mal consegue caminhar sobre eles. Se esse é o seu caso, opte por tamanhos menores e formato quadrado – ou ainda pelo salto sabrina, que, apesar de fino, não ultrapassa os cinco centímetros de altura, garantindo estabilidade. Se quiser mesmo arriscar na altura, faça antes um curso de modelo – ou treine, mas treine muito, andando sozinha em casa.

Te contei?

Entre as várias contribuições que a ex-primeira-dama dos Estados Unidos Jackie Kennedy deu para o mundo da moda, está o scarpin pilgrim, que ela ajudou a popularizar. Criado no início dos anos 1960 pelo designer Roger Vivier, o pilgrim entrou mesmo na moda depois que Jackie foi fotografada com ele nos pés. A foto foi publicada na edição de dezembro de 1966 da *Women's Wear Daily* (WWD). O modelo, novo para a época, era de corfam (material sintético) envernizado. Ele trazia o bico arredondado, uma fivela de prata (inspirada nos sapatos dos peregrinos puritanos do século XVII) e um salto quadrado de 3,5 centímetros. O modelo, ainda imitado, garante elegância com conforto.

Mas, mesmo que você ganhe prática no caminhar sobre saltos altos, ainda deverá ter cuidado com os exageros: o do tipo agulha é sensual demais para frequentar o escritório. Você sabia que a combinação entre sapatos altos e saia justa faz o bumbum feminino ficar 25% mais arrebitado? Entende por que é melhor evitar essa combinação no trabalho? Melhor deixá-la para um jantar romântico.

Atenção ao estilo dos calçados, pois ele é capaz de mudar a cara de uma roupa. Em um ambiente formal, evite as cores fortes e as texturas de pele de animal, que também passam uma ideia de sensualidade – ainda que sutil. Detalhes brilhantes, fivelas muito coloridas ou decoradas e amarrações que sobem pelas pernas também devem ser evitadas. O melhor é transitar pelos clássicos. Os scarpins nas cores preto e marrom são versáteis, mas invista também em pelo menos um modelo cor da pele. Além de chique, ele não contrasta demais com a cor da pele e ajuda a alongar visualmente as pernas.

Falando em modelos, vale lembrar que as sandálias não são indicadas para o figurino formal. Eu sei que as mulheres adoram exibir os pés belos e bem-feitos, mas pés simbolizam fetiche. Homens enxergam nos pés femininos um verdadeiro objeto de desejo. Portanto, é melhor escondê-los nesse momento – e exibi-los na ocasião devida.

Outra coisa importante: os saltos não devem fazer "tec-tec-tec" ao tocar o chão do escritório. Isso incomoda as pessoas em volta, que não precisam saber que você deixou a sua mesa para pegar um café ou ir ao banheiro. Pode parecer bobagem, mas não é. Homens que trabalham em escritórios com muitas mulheres costumam reclamar da falta

> **#ficaadica**
>
> Se você ainda não ficou convencida sobre a inadequação dos saltos finos e altos ao figurino de trabalho, observe a região que concentra os escritórios da sua cidade. Na hora do almoço, é fácil ver várias mulheres saindo a pé para almoçar e tentando se equilibrar nas alturas. Repare na maneira como elas andam. Horrível, não? Pronto.

de concentração por conta de inúmeros "tec-tecs" que escutam ao longo do dia. E evitar isso é muito simples: a dica é procurar um bom sapateiro para adaptar um solado antirruído ao salto barulhento.

Por último, mas não menos importante, a escolha do seu sapato de trabalho deve levar em conta o seu meio de transporte até o escritório. Se você vai a pé ou pega transporte público, vai ser difícil manter os saltos dos seus calçados intactos. Um truque usado há muito tempo pelas *working girls* norte-americanas é ter um sapato baixo – ou até mesmo um tênis – na bolsa. Ele facilita a chegada até o escritório. Uma vez lá dentro (ou já na porta), basta trocar o sapato pelo par de saltos – e você está pronta para brilhar.

Te contei?

Durante a Segunda Guerra, os Estados Unidos tiveram de racionar alguns itens de consumo para evitar desabastecimento. Os sapatos foram um deles. Cada consumidor passou a ter um limite de pares para comprar por ano. Os fabricantes também tiveram de dosar a variedade de matérias-primas e de cores: apenas calçados nas cores preto, branco e marrom podiam ser fabricados. Os saltos dos sapatos femininos foram reduzidos e não poderiam exceder os 6,5 centímetros de altura. As plataformas de couro foram proibidas. Batizado de "stiletto" (por seu formato de lâmina fina), o salto-agulha é uma invenção do pós-guerra, na Europa. A sua produção só foi possível depois que o metal – para reforçar o salto – deixou de ser racionado. Ele foi, desde o início, sinônimo de *sex appeal*, luxo e status – além de simbolizar os sacrifícios que as mulheres fazem em nome da beleza (*Do tornozelo para baixo*, Rachelle Bergstein).

ESTILO CASUAL

Profissionais que atuam como publicitárias, designers, jornalistas, professoras e estilistas, entre outras, podem se dar ao luxo de adotar o figurino casual na maior parte do tempo em que estão trabalhando. Mas, ainda que o guarda-roupa tenha regras menos rígidas, ainda estamos falando de um visual de trabalho. Portanto, nem tudo é permitido.

É natural que as mulheres que podem se vestir com mais liberdade no trabalho adotem alguns modismos de ocasião ou estilos menos comportados. Tudo bem, mas que se mantenha o bom senso. Usar peças com design esportivo, por exemplo, é uma possibilidade. Afinal, foi Coco Chanel que, na década de 1910, adaptou os trajes masculinos de esporte para compor o guarda-roupa feminino. Ela estava em busca de maior liberdade para as mulheres, que ainda viviam sob a repressão dos espartilhos.

Desde então, o esporte é tema recorrente na moda, mudando apenas as modalidades. Sendo assim, você poderá fazer uso de algumas peças com essa linguagem para compor o visual do dia a dia. Mas nunca – nunca mesmo – vá trabalhar uniformizada como quem está indo malhar. A camisa do seu time e aquela legging multicolorida, portanto, estão entre os itens vetados. Escritório não é clube.

Quer dar uma pitada esportiva ao visual? Misture uma jaqueta com essa linguagem com calça e blusa de estilo casual. Ou faça o contrário: use uma calça com inspiração nesse universo com uma camisa clássica. A mistura fica interessante, mas não deixa o seu visual caricato.

Outro modismo que acabou virando estilo é o vintage. Principalmente entre os profissionais da área criativa, usar peças de brechó tornou-se um código, sinônimo de modernidade e atitude sustentável – tudo a ver com os dias de hoje. Mas atenção para não exagerar e se "travestir" de personagem de época, ou o resultado será o oposto do pretendido, passando uma imagem arcaica e desatualizada. O que fazer? Misturar as peças de brechó com outras contemporâneas. Ah, e outra coisa importantíssima: lave a peça de brechó muito bem lavada antes de usar – para não exalar cheio de naftalina pelo escritório.

A seguir, uma listinha com os itens indispensáveis no seu guarda-roupa Casual:

Paletós

Mesmo que o ambiente transpire descontração, um casaco mais arrumado é um coringa para reuniões ou encontros com clientes. Por cima de camisetas ou de vestidos, ele dá um *up* imediato no visual, acrescentando credibilidade. Pode até ser de moletom, para acompanhar a linguagem do figurino casual, mas é ideal que tenha ombreiras e um bom caimento.

Jaquetas

Elas têm tudo a ver com o ambiente casual e podem acompanhar vestidos ou estar por cima de camisas ou camisetas. Os materiais podem variar, das tradicionais jaquetas jeans aos modelos de couro estilo *biker* (motociclista), passando pelas feitas de sarja de algodão. O único cuidado é evitar os modelos com muitos detalhes, adereços ou aplicações.

Isso significa deixar a sua jaqueta de couro motociclista *easy rider*-radical-estilizada para as aventuras dos fins de semana. No trabalho, você pode usar uma *biker*, desde que ela tenha um ar mais comportado. Desde que o ator Marlon Brando surgiu usando esse modelo de jaqueta de couro, no filme *O selvagem* (1953), a peça virou símbolo da juventude transviada – esse, aliás, é o título de outro filme, com o não menos *bad boy* James Dean.

Mas não é porque a jaqueta “biker” foi uniforme desses galãs transviados que ela não pode se redimir para virar um bom uniforme casual de trabalho. Saiba que esse modelo de jaqueta de couro está entre as peças indispensáveis para um guarda-roupa contemporâneo, sugerido por ninguém menos do que a consultora de moda Costanza Pascolato (em seu livro *O essencial*). E, se Costanza falou, está falado, não é?

Calça

Aqui as opções são muitas: vão dos modelos de alfaiataria ao jeans. E é aí que está o perigo, pois é fácil achar que vale tudo. Não vale. Tecidos e modelagem podem variar de acordo com o gosto e com o formato do corpo (aliás, devem!). A única coisa que não varia é a altura da cintura: ela precisa ficar no lugar certo, dois dedos abaixo do umbigo – não menos do que isso. Calça de cintura baixa, como eu já disse, é deselegante, deforma o corpo e expõe partes dele que não deveriam ficar visíveis (sim, estou falando do maldito “cofrinho”).

Os tipos de calças para formar a base do seu guarda-roupa casual são:

De alfaiataria

Aqui, valem as recomendações feitas para as calças de alfaiataria do figurino formal. A diferença está no uso da peça: no lugar de camisas sociais e blazers, o guarda-roupa casual permite combinações com outros estilos de tops – sempre com bom senso e respeitando os limites que o ambiente profissional possui. O bacana é que, tendo uma bela calça como base do visual, basta trocar os acessórios ou vestir um belo blazer para mudar completamente a cara da roupa.

Cáqui

Clássica, a calça cáqui só precisa de uma boa matéria-prima para transitar do ambiente de trabalho ao *happy hour*, sem escalas. As mais comuns e práticas são de algodão – com mais ou menos estrutura. Para não tornar o modelo descontraído demais, vale apostar nos sapatos de saltos médios e nos tricôs como complemento. Com camisa branca, a calça cáqui forma um conjunto atemporal e versátil.

Jeans

Símbolo do estilo casual, e aceita universalmente, a calça jeans pode, sim, ser uma opção para os locais de trabalho mais descontraídos. Mas isso não significa um vale tudo de gostos e manias. Evite, por exemplo, usar peças manchadas ou rasgadas, que são mais adequadas a um show de rock. Se a modelagem for ajustada, então, cuidado redobrado: os rasgos tendem a pressionar o músculo e sua perna poderá parecer uma mortadela amarrada.

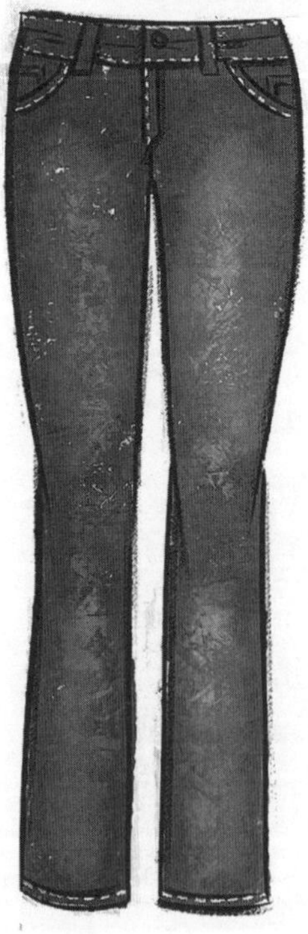

Mesmo que você adore seguir as tendências mais recentes, não é o momento de bancar a "vítima da moda". Opte pelos clássicos: calças jeans simples, por exemplo, ficam sensacionais quando combinadas a uma bela camisa de seda lisa ou estampada.

Para o trabalho, a modelagem ideal é a reta, com lavagem escura e discreta, que ainda por cima causa a impressão de pernas alongadas. A cintura, como já dissemos, deve estar posicionada no lugar correto. Além de menos elegantes, os jeans de cintura baixa prejudicam a silhueta da mulher – o aperto na altura dos quadris fazem com que saltem os flancos, deformando o corpo da mulher a médio e longo prazo. Um horror!

Te contei?

A história das calças jeans talvez seja a mais pitoresca da moda mundial. Elas foram praticamente do lixo ao luxo. Tudo começou com uniformes feitos pelo alfaiate de Nevada (EUA) Jacob Davis. Era o início da década de 1870 e ele decidiu produzir calças para trabalho pesado – fosse nas minas ou no campo. Ele usou um tecido de brim de algodão super-resistente, que levava rebites de cobre para pregar os bolsos. Mais tarde, Davis associou-se ao comerciante Levi Strauss, para impulsionar o seu negócio. Nascia, assim, uma parceria de moda que daria origem às calças mais famosas e populares do mundo.

Blusas/Camisetas

A liberdade aqui também é relativa. Modelos muito justos, transparentes, com decotes profundos ou de alcinhas estão vetados. Na lista de proibições também entram tops curtos, os modelos tomara que caia e a frente única. A discrição ainda é a premissa, uma vez que se trata do ambiente profissional. A menos que você seja uma cantora de funk pesado ou atue como uma "mulher-fruta", não tem por que expor o corpo.

Camisas

Jeans

É um clássico do guarda-roupa de que você pode abusar – desde que tomados aqueles cuidados com lavagens muito extravagantes. Mas vale combiná-la com calças de alfaiataria e até por cima de vestidos, fazendo às vezes de uma jaqueta.

Branca

Outro clássico de todas as horas. Transita muito bem em uma combinação mais arrumadinha ou para acompanhar aquele jeans. Como se trata de uma peça básica – e muito versátil –, deve ter qualidade. Não é preciso ter várias no guarda-roupa; tenha duas, mas duas de ótima qualidade. E use e abuse, mudando sempre a cara da peça com lenços, colares e broches.

Estampada

As possibilidades são quase infinitas no universo casual. Mas, se não quiser virar ponto de referência no escritório, evite os exageros – seja nas cores, nos contrates ou no tamanho dos desenhos. Normalmente, mistura-se uma peça estampada com outra lisa – tomando o cuidado de usar cores compatíveis. O ideal é repetir, na peça lisa, uma das cores da estampa.

A mistura de estampas é um recurso atual – e que demonstra personalidade. É uma ótima ideia se você trabalha em áreas criativas, pois demonstra um domínio estético. Mas para a mistura dar certo, há alguns truques: uma das estampas precisa ser dominante no look, ou seja, ela precisa aparecer mais do que a outra. As estampas precisam se coordenar, possuindo uma ou mais cores em comum. Isso vai dar unidade ao conjunto. Outra opção é usar estampas similares em cores diferentes (fazendo o efeito positivo e negativo).

Vestidos

A regra da pouca exposição do corpo também se aplica aos vestidos. Melhor não se arriscar com modelos que fiquem muito acima do joelho – e que revelam demais as pernas quando você se sentar. Mesmo que o ambiente seja casual, o vestido deve ter uma cara profissional. Não entram nessa categoria, portanto, os modelos transparentes, tomara que caia ou de alças finas. Para não ter dúvida, olhe-se no espelho e pergunte-se: "Eu iria para o clube com esse vestido?". Se a resposta for "sim", ele não serve para trabalhar.

Cores e estampas

Novamente, é bom lembrar que tons acesos demais vão desviar a atenção do seu discurso e poderão fazer com que as pessoas não deem bola para o que você está dizendo/mostrando. Use as cores com parcimônia! Há maneiras de combiná-las mantendo a harmonia (leia sobre o assunto na página 77).

Estampas são aceitas, mas com restrições. Bichinhos, personagens de desenho animado e qualquer coisa que remeta ao universo infantil são desaconselháveis – podem deixar você com o ar de criança grande brincando de ser profissional. Frases, mensagens e referências a bandas de rock têm efeito parecido: podem atrapalhar a sua imagem profissional.

Te contei?

Do ponto de vista semiótico, a estampa de poá (bolinhas) sugere diversão e bom humor. Por isso é um padrão comum em roupas infantis ou em pijamas. E, quanto maiores os círculos, mais explícito é esse significado. Não é à toa que as roupas dos palhaços de circo frequentemente trazem esse padrão. Até 1800, os desenhos florais adornavam as roupas de homens e mulheres. Depois disso, a decoração com motivos botânicos ficou associada ao sexo feminino. Foi somente nos anos 1960, no auge da contracultura, que as flores ganharam novamente o vestuário dos homens – principalmente para estampar camisas e gravatas. O modismo ainda chegou à década seguinte. Mas, depois disso, o padrão florido virou sinônimo de turista nos trópicos.

Bermudas e shorts

As bermudas tipo ciclista com tecidos nobres e corte de alfaiataria podem frequentar ambientes de trabalho casuais. Logicamente, o comprimento recomendável é na altura do joelho. Para dar um ar mais sério à peça, vale combiná-la com uma bela camisa de seda e um scarpin de salto médio, que, além de tudo, vai ajudar a alongar a silhueta. Já os shorts, apesar de frequentar há algumas temporadas o guarda-roupa feminino, fica melhor em situações de lazer.

ACESSÓRIOS

Bolsa

Aqui, vale a recomendação feita para as mulheres que usam o figurino formal: tenha duas bolsas, para separar os objetos pessoais dos profissionais. Mas, nesse caso, pode-se optar por estilos mais descontraídos, como a mochila. O melhor é que ela não tenha o desenho muito esportivo, mas um design moderno e urbano. O mercado dispõe de diversos modelos, inclusive de couro, que são mais comportados. O modelo cruzado, a chamada “bolsa carteiro”, é outra opção para acompanhar o figurino casual. O cuidado aqui é com a altura da alça, que não deve deixar a bolsa ficar em cima dos quadris.

Sapatos

A informalidade do visual permite o uso de sapatilhas, mocassins, sapatos de amarrar estilo oxford e até tênis. Com uma variedade incrível de modelos, os tênis já são admitidos para complementar o traje casual de trabalho. O estilista Karl Lagerfeld, da Maison Chanel, foi até mais longe: propôs combinar os tênis com vestidos de festa! Mas é importante ter em mente que eles podem “infantilizar” o visual. Para as mulheres com cara de menina, talvez não seja a melhor opção.

Pela característica mais relaxada desse ambiente profissional, é possível usar sapatos coloridos. A dica, nesse caso, é repetir a cor em alguma outra parte da vestimenta, preferivelmente perto do rosto – pode ser em um colar, em um detalhe da blusa ou em um lenço.

Outro item que pode frequentar o ambiente de trabalho informal são as **botas**, graças à sua variedade incrível de modelos e opções.

Para usá-las de maneira acertada, aqui vão algumas dicas:

- Brancas: só use se trabalhar como animadora de auditório ou se você for extremamente *fashion*.
- Com plataforma, estilo pata de bode ou quebra pé: jamais use para trabalhar (aliás, para nada!).
- Cano longo: vai melhor com saias até os joelhos. Por cima da calça, pode ser uma combinação arriscada, mas é permitida se a calça for skinny e a mulher tiver um corpo longilíneo.
- Cano curto para usar com saia, o modelo deve ter um pouco de salto e o bico mais afunilado, para alongar a perna. Para potencializar esse efeito, use meias do mesmo tom das botas. Se usá-las por dentro de calças, há menos chance de errar.

- Estilo *country*: por terem um apelo *folk*, vão melhor em ocasiões sociais ou de lazer. Para usar no trabalho, é necessário muito exercício de produção.

★ Agora, mesmo que o seu ambiente de trabalho seja dos mais liberais, há modelos que devem ser evitados a qualquer custo: tamancos e chinelos de dedo (de borracha, de couro ou de qualquer outro material). As sandálias tipo Birkenstock são confortáveis e já foram reproduzidas até por casas de luxo. Mas atenção quando for usar esse modelo numa *sexta-feira casual*: Seu *Look* pode ficar com ar de descontração.

Colares, brincos e afins

O estilo casual normalmente aceita a maior parte dos estilos de acessórios femininos. O que vai colocar limites é, novamente, o bom senso. Tudo o que é usado em excesso pode ficar caricato, parecer inadequado ou deslocado. A poluição visual não é diferente dos outros tipos de poluição – e como tal, incomoda, satura e desvia o foco. Vestir-se de forma casual para trabalhar é diferente de ser casual em outras ocasiões. Mesmo que no seu trabalho as regras sejam mais frouxas, o momento é de mostrar os seus valores e capacidades profissionais – e não a sua coleção de acessórios. Saber fazer uma boa edição do próprio visual é prova de competência e de personalidade – atributos que nunca caem de moda.

Te contei?

Somente a partir da metade do século XIX os sapateiros passaram a diferenciar as formas dos calçados, fazendo uma para o pé direito e uma para o esquerdo. Até então, o par de sapatos era composto por modelos idênticos – e um tanto desconfortáveis.

BELEZA NO TRABALHO

Você pode ser a mais vaidosa e irreverente das mulheres. Ainda assim, na hora do batente, terá de esquecer a sua queda por sombras de cores fortes, fivelas de cabelo espetaculares ou unhas megadecoradas (a famosa *nail art*). E isso serve para quem trabalha de roupas formais ou casuais. Exageros na aparência distraem e tiram o foco do que interessa, que é o trabalho em si. Portanto, se quiser ser ouvida e respeitada, elimine o que pode roubar a atenção de seu interlocutor – seja ele quem for.

É claro que, quanto mais formal for o ambiente profissional, mais discreta precisa ser a produção. Agências de publicidade ou escritórios de design, por exemplo, costumam ser mais flexíveis com a aparência de seus funcionários – a excentricidade vira algo corriqueiro, inerente à verve criativa. Mas, de maneira geral, unhas com desenhos engraçadinhos ou máscara de cílios de qualquer outra cor além de preto ou marrom são desaconselháveis. No caso do seu ambiente ser majoritariamente masculino, atenção redobrada: os homens não precisam de mais motivos para duvidar da sua competência – não lhes dê munição para isso. Maquiagem para trabalhar é aquela que corrige os tons da pele e melhora a aparência. É o suficiente.

Te contei?

Os cabelos compridos são, historicamente, associados às virgens e às heroínas dos contos de fadas (alô, Rapunzel!). Eles transmitem, portanto, a ideia da feminilidade exacerbada, que deve ser contida em público. No século XIX, cabelos soltos, longos e ondulados eram uma poderosa arma de sedução e um tema recorrente dos pintores da época, como Gustave Courbet.

FESTA "DA FIRMA"

A confraternização com os colegas de trabalho costuma ser uma ocasião bastante aguardada. É o momento de comemorar as conquistas, de relaxar e de promover a união da equipe. Mas, por maior que seja a excitação do momento, é preciso conter os hormônios: trata-se ainda de um ambiente corporativo, e não de um encontro entre amigos de infância. Melhor não arriscar com produções duvidosas.

É sempre bom lembrar que as festas corporativas não são como as outras: para começar, não se trata de um convite, mas de uma convocação. Estar presente na festa "da firma" é prova do seu engajamento com o trabalho e com os resultados obtidos. Também não se trata de um evento social – mas de uma espécie de "hora extra" que se faz em um ambiente mais descontraído. Portanto, o melhor é se munir de paciência e de seu melhor sorriso para enfrentar com classe a obrigação.

O QUE FAZER

- Ser mais criativa no visual, com bons acessórios e uma maquiagem mais caprichada.

#ficaadica

- Atenção redobrada se a confraternização entre os funcionários da empresa ocorrer durante o dia, à beira da piscina. Se manter a classe totalmente vestida já é difícil, imagina usando trajes sumários? Todo cuidado é pouco. Nada de usar biquínis diminutos e provocantes, do tipo fio dental, por mais bonito que seja o seu corpo. Prefira apostar nos maiôs, mais elegantes, e em saídas de praia comportadas – como as túnicas. E nem pense em pedir para o chefe passar bronzeador nas suas costas!

- Fugir um pouco do neutro, usar mais cores e até estampas. Só lembrando que, quanto mais fortes forem as cores, mais clássico deve ser o estilo da roupa.
- Levar em conta o ambiente: se a festa for numa churrascaria, por exemplo, a roupa precisa ser básica, sem exageros. Já em uma festa numa casa noturna, com clima de balada, você pode ousar um pouco mais no decote, mas não deixando que ele passe da altura das axilas.
- Se optar por saia ou vestido, o comprimento mínimo é de quatro dedos acima dos joelhos.

O QUE NÃO FAZER

- Usar um vestido curto e justo para sensualizar entre os colegas (ou, pior ainda, com o chefe).
- Abusar da transparência, do decote ou de qualquer outro recurso que revele demais o corpo.
- Arriscar-se em cima de saltos muito altos se não estiver acostumada com eles.
- Abusar da bebida (pois não há elegância que resista à falta de compostura).
- Cismar de dançar "Na boquinha da garrafa" ou algum hit malicioso do funk.
- Partir para o ataque daquele colega que você sempre achou atraente. No máximo, flerte.

Por fim, nunca é demais lembrar: ambiente de trabalho é lugar de redobrar a atenção, todos os dias, para não colocar a perder a imagem profissional que você levou tanto tempo para conquistar! E, não importa qual seja o estilo da sua atividade, empresa ou cargo, há coisas que você sempre deve fazer, outras que são aceitáveis e algumas que nunca devem ser feitas.

Sempre

- Sapatos e roupas em bom estado, sem desgastes, furos ou botões faltando.
- Cabelos arrumados (se forem muito longos, o melhor é prendê-los)
- Maquiagem na medida certa: o suficiente para corrigir a pele e embelezar, sem roubar a atenção.
- Lingeries discretas, que desapareçam sob a roupa. Procure usar modelagens que ajudem a moldar o corpo, mas que não apertem (fazendo "pular" as gordurinhas).

Às vezes

- Sandálias mais fechadas, que não exponham demais os pés, para quem adota o figurino casual.
- Usar um top-lingerie por baixo da camisa (mas de forma que só apareça o mínimo possível).
- Regata (desde que ela esteja debaixo de um blazer e fique assim até o final do expediente).
- Uma pequena fenda na saia, apenas para facilitar o caminhar e dar conforto.
- Uma estampa mais chamativa, na sexta-feira casual.
- Vestido um pouco acima do joelho.

Nunca

- Salto agulha altíssimo. Além de muito sensual, ele prejudica o equilíbrio.

- Deixar o crachá pendurado no pescoço quando estiver fora da empresa (mais atenção ainda se for almoçar em um restaurante com bufê).
- Unhas decoradas com bichos, flores ou qualquer personagem infantil.
- Transparências.
- Fendas exageradas.
- Decotes profundos.
- Saias curtas.
- Shorts (incluídos aí os modelos de alfaiataria).
- Chinelos, tamancos ou semelhantes.
- Camisa de time.
- Deixar as alças do sutiã aparentes.
- "Esquecer-se" de usar sutiã.
- Exagerar no perfume.
- Tudo que fere o bom senso.

“Meu sonho é salvar as mulheres da natureza.”
(Christian Dior)

VOCÊ E AS SUAS FORMAS

Agora que já falamos sobre como adequar o seu visual aos múltiplos papéis de mulher contemporânea, é hora de lidar com o que não depende do ambiente ou dos códigos sociais: o seu corpo.

Porque, se você quer arrasar, mas arrasar mesmo, não basta seguir os códigos do vestir. Eles tratam de regras gerais, mas não das particularidades do seu tipo físico. Para encontrar a sua beleza, é preciso também domar os caprichos da natureza. Isso inclui respeitar a sua faixa etária e aprender a valorizar o que o seu corpo tem de bonito, não importando se você é alta ou baixa, magra ou gorda, se tem quadris largos ou seios grandes. A roupa certa vai deixar a sua imagem em harmonia.

Quer saber como? Mire-se no exemplo da madrasta da Branca de Neve. Ela sabia das coisas. Quando perguntava ao espelho se existia alguém mais bela, estava, na verdade, exaltando os seus pontos fortes – no caso dela, uma beleza de diva hollywoodiana dos 1940. Ok, talvez eu esteja mudando um pouquinho a história, mas o exemplo continua valendo.

Porque, para conhecer e aprender a lidar com o próprio corpo, é preciso se olhar com honestidade. A melhor maneira? Despindo-se na frente do espelho e se perguntando: eu sou alta? Estou acima do peso? Tenho seios grandes demais ou pequenos demais? Como são as minhas coxas? Garanto que o espelho vai responder.

Isso pode parecer bobagem, mas não é. E também não precisa ser um calvário. Olhe pelo lado lúdico. Você vai descobrir alguns defeitos? Infelizmente, sim. Mas esse é o começo para aprender a disfarçá-los e a exaltar o que você tem de mais bonito.

Não se engane: todas as mulheres elegantes – das atrizes de Hollywood às editoras de moda – conhecem os seus pontos fortes e fracos e se vestem com base nisso. A estratégia envolve um jogo de vela-revela que engana o olhar. E o registro que fica para a posteridade é o de uma mulher belíssima (ainda que imperfeita).

Nessa equação para chegar a um resultado harmônico, algumas regrinhas valem para todas. Quer que as suas pernas pareçam mais finas? Pois são três os comprimentos de saias que ajudam a afiná-las: na altura dos joelhos, logo abaixo deles (onde as pernas naturalmente afinam um pouco) e próximo aos tornozelos. Por serem regiões estreitas, a sensação é a de que a perna inteira é mais fina.

Os tons e a estrutura dos tecidos são ferramentas eficientes para "enganar" o olhar a nosso favor. Use-os com inteligência. A combinação preto-e-branco, além de clássica, é um ótimo truque para disfarçar ou realçar. Coloque o preto na parte do corpo que deseja amenizar. O branco fica para a outra, que será valorizada. De maneira geral, as cores escuras e os tecidos fluídos ajudam na sensação de emagrecimento. Já as cores claras e brilhantes e os tecidos armados ou com muita textura deixam o corpo aparentemente mais volumoso.

Há detalhes que fazem a maior diferença no visual. Os braços, por exemplo: eles denunciam não só a idade como também o sobrepeso. Se não estiverem em forma, a melhor opção são as blusas com mangas longas (que você pode dobrar) ou três quartos. Isso não significa passar calor, pois basta escolher o tecido ou a malha certa. Para os dias mais quentes, opte por blusas de malha fina de seda ou de algodão, que podem até ter um pouco de transparência. É sensual e chique ao mesmo tempo. Lembre-se de que as mangas devem ser certas no braço, nem justas nem largas demais. E o melhor é que não tenham estampas ou detalhes chamativos.

Viu como sempre dá para melhorar nossos pequenos (e inevitáveis) defeitos?

#ficaadica

- Atualmente, as mulheres podem ser lindas e estar em forma não importando a idade. Se você está na faixa dos 50 anos, mas tem as pernas bonitas, por que não usar saias curtas?
- Quanto mais decotado for o sapato, mais longas as pernas vão parecer (mas saiba que, para muitos homens, deixar o início dos dedos à vista tem um apelo sexual).
- Sapatos com bicos afunilados alongam as pernas, enquanto os de bico quadrado as encurtam.
- Quem tem pernas grossas precisa tomar cuidado com meias-calças estampadas (ou com muitos detalhes). Se os desenhos forem grandes, a perna vai aumentar ainda mais de volume.
- Mulheres de corpo curvilíneo devem escolher o tamanho e o modelo de calça pelo quadril. Vestindo bem nessa região, basta mandar ajustar a cintura (caso ela fique muito larga).
- Calças ou saias de cintura alta não caem bem em quem tem seios grandes.
- Pescoço curto precisa ser alongado visualmente. De que forma? Usando um belo decote em "V" ou "U", prendendo os cabelos e arrumando a postura. Evite, a todo custo, as blusas ou malhas de gola alta!
- Veja as costureiras como aliadas, não como um problema. Pouquíssimas peças ficarão perfeitas no seu corpo – porque foram feitas industrialmente. Mas, com alguns ajustes, elas podem ficar quase perfeitas.
- A escolha dos brincos também deve respeitar a silhueta. Um exemplo: os maxibrincos com franjas ou pedrarias caem melhor em quem tem o pescoço mais alongado.

TIPOS DE CORPO

A BRASILEIRA (FORMA DE TRIÂNGULO):

É o típico corpo de violão, com os quadris largos, a cintura fina e os ombros estreitos. Nosso objetivo, nesse caso, é aumentar visualmente a linha dos ombros – isso equilibra a silhueta – e suavizar os quadris.

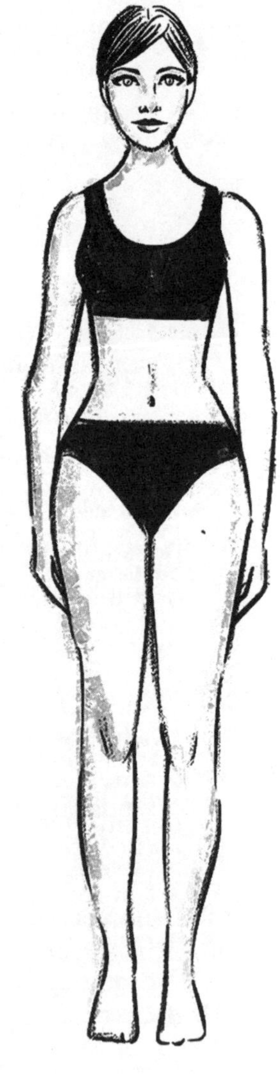

Sinal verde

- Tudo o que chame a atenção para a parte de cima do corpo.
- Saia reta ou evasê.
- Calça com pernas retas e soltas, com tecido que tenha bom caimento.
- Calça com vinco.
- Blusa com decote "ombro a ombro", no formato V ou canoa.
- Blusa e camisas com detalhes nos ombros.
- Blazer ou casaco acinturado e que chegue até o meio do quadril (para cobrir a parte mais larga do corpo).
- Parte de cima estampada mais parte de baixo lisa (e de tom mais fechado).
- Brincos grandes, desde que o pescoço seja alongado.
- Colar chamativo.
- Camisa com jabô (aqueles babados no centro do corpo).

- Visual com o estilo *navy* (náutico): use uma camiseta com gola canoa e listras azuis e brancas (ou vermelhas e brancas). Arremate com um lencinho com estampa de bolinhas no pescoço.
- Vestido-envelope com saia levemente evasê.

Sinal amarelo

- Estampa na parte de baixo da roupa: pode, mas deve ter um fundo escuro e desenhos médios. Estampas miúdas dão a sensação de que são necessárias milhares de figuras para preencher aquele quadril. As muito grandes simplesmente ampliam a área.
- Calça *flare*: se for muito larga na barra, pode deixar a silhueta esquisita.
- Calça curta: pode, mas com saltos altos (para alongar a silhueta).
- Parte de baixo de cor clara.
- As bermudas podem ser usadas, mas atenção à modelagem: as que possuem bolso tipo faca ou detalhes na diagonal na altura do quadril deixam a silhueta mais harmônica.
- Saia com detalhe de "rabo de peixe", que podem acrescentar ainda mais volume aos quadris.

Sinal vermelho

- Calça que afunile na barra, pois pode dar a sensação de quadril ainda maior.
- Blusa com babados na altura dos quadris (como a *peplum*).
- Shorts muito curtos e justos.
- Bolsa tipo carteiro: feita para usar cruzada no corpo, ela fica exatamente na altura do quadril, deixando-o mais largo.
- Minissaia: ela vai acentuar a largura do quadril.

- Calça de cintura baixa: ela comprime o quadril e aumenta os flancos.
- Calça ou saia com detalhes, bolsos e bordados na altura dos quadris.
- Frente única (dá a sensação de ombros mais estreitos).
- Punhos ou pulseiras chamativos.
- Saia do tipo balonê ou com babados.

A NADADORA (FORMA DE TRIÂNGULO INVERTIDO)

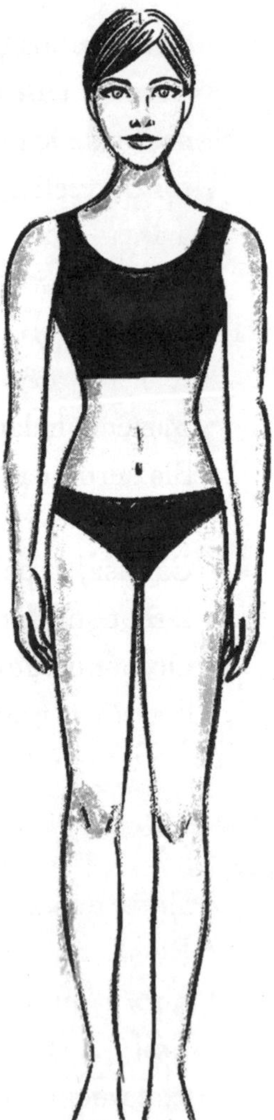

É geralmente uma mulher com ombros largos, seios grandes, quadris estreitos e pernas finas. O ideal é equilibrar as proporções entre a parte de cima e de baixo, criando uma ilusão de cintura.

Sinal verde

- Blusa e vestido com decote tipo frente única.
- Saias com listras na horizontal. Se a estampa for contrastante, melhor ainda.
- Saia evasê com detalhes, que chamam a atenção para os quadris.
- Calça com pregas.
- Calça-cenoura.
- Cores claras e estampas na parte de baixo da roupa.

- Blazer com ombreiras chapadas: que deixam as mangas no lugar, mas não acrescentam volume aos ombros.
- Camisa, blazer e casaco com formato A, ou seja, levemente evasê a partir da cintura – isso ajuda a afinar a região.

Sinal amarelo

- Decote tomara que caia: ele desenha uma linha reta sobre o busto que parece aumentar largura dos ombros. Modelos mais estruturados podem ajudar.
- Xale ou pashmina apoiado nos ombros pode deixá-los ainda maiores. Se puder, evite. Ou então escolha uma peça da mesma cor do vestido (ou da blusa), lisa e sem estampas.

Sinal vermelho

- Blazer com lapelas muito grandes, que apontam para os ombros.
- Blazer ou casaco de corte quadrado e que termine na linha da cintura.
- Camisa ou paletó com detalhes chamativos nos ombros.
- Decote ombro a ombro.
- Decote de um ombro só.
- Estampas muito chamativas na parte de cima do *look*.

AS FOFINHAS (FORMATO DE CORPO OVAL)

A largura da cintura é maior do que a dos ombros e a dos quadris. Normalmente, essas mulheres têm as formas todas arredondadas e bastante busto.

Sinal verde

- Vestido e blusa no estilo *cache-coeur* (com fechamento transpassado). Apenas tome cuidado para não apertar demais na cintura.
- Tudo o que tire o foco do meio do corpo: que chame a atenção para o colo ou valorize as pernas.
- Saia que vá até a altura dos joelhos – deixando de fora a parte mais fina da perna, você vai parecer mais magra.
- Saia evasê com pala na cintura (ajuda a segurar a barriga sem apertar).
- Lingeries modeladoras.
- Casaco mais longo, de tom fechado, para alongar a silhueta.
- Decotes V e U mais profundo.
- Blusa e vestido com alças largas.
- Sutiã que sustente o busto.
- Vestido com corte império.
- Vestido com drapeado ou franzido no centro da peça.

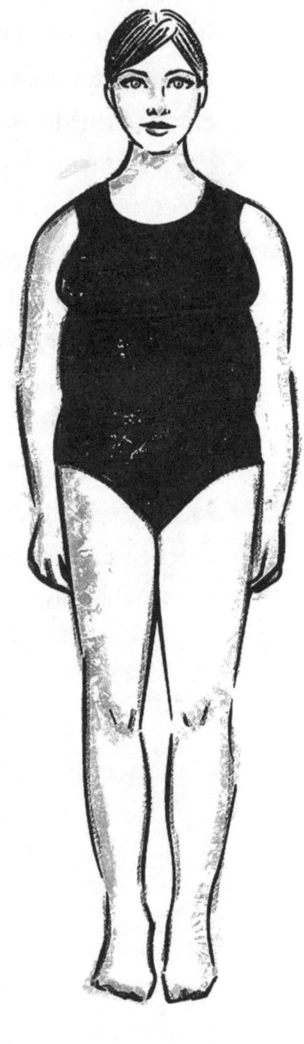

- Blazer ou casaco usado aberto, para criar uma linha vertical no centro do corpo e afinar a imagem. Ou blazer com abotoamento simples.
- Conjunto de calça com túnica reta que desça abaixo do quadril (e com aberturas laterais).
- Calça com listras verticais (apenas tome cuidado para que as linhas não virem parênteses na altura dos quadris).
- Caftã curto é ótimo e confortável, além de deixar a sua produção divertida. É essencial escolher um modelo com decote em V e com comprimento suficiente para cobrir os quadris. Por baixo, use *legging* ou uma calça *skinny*.
- Aposte na dupla cardigã longo e legging. Por dentro do cardigã, escolha uma blusa com a cor próxima à da calça, pois isso vai alongar a silhueta. O cardigã comprido vai cobrir a parte mais pesada do corpo. Se tiver as pontas longas, o efeito é ainda melhor.
- Recortes e debruns verticais.
- Tecidos moles, mas com peso, para ter um bom caimento, como jérsei, seda e microfibra.
- Sapatos com saltos que sustentem o peso do corpo.
- Colar mais comprido, que forme uma linha vertical no colo.
- Jaqueta e blazer sem gola ou colarinho. Use-os abertos até a altura do busto, para alongar o pescoço.

Sinal amarelo

- Produções monocromáticas ficam boas, desde que as peças tenham tecido encorpado e não sejam largas demais (ou o efeito pode ser o oposto).
- Roupa de malha: é permitida, desde que o material não seja fino demais. A malha fica melhor na forma de um cardigã mais longo, usado por cima de uma blusa ou camisa. Ele ajuda a alongar a silhueta.

- Xale e lenço são bons aliados para disfarçar os braços gordinhos. Mas só deve usar quem se sente à vontade com eles, que devem repousar suavemente nos ombros. Se não é o seu caso, opte por um casaco ou cardigã.

Sinal vermelho

- Excesso de babados, pregas ou volumes.
- Calça de cintura baixa.
- Decote tomara que caia.
- Malhas ou tecidos muito finos, que marquem demais as formas.
- Calça de boca afunilada.

#ficaadica

- Quem está acima do peso não deve usar uma numeração de roupa diferente do próprio manequim. Nada de "roubar" para mais ou para menos. Comprar algo menor, com a esperança de emagrecer, não costuma funcionar. Roupas muito largas também têm efeito ruim: fazem você parecer mais gorda do que é.
- Mesmo que você use cores escuras, precisa se preocupar com a forma das roupas: elas devem desenhar a silhueta, deixando a aparência mais bonita.
- É gordinha, mas não resiste a uma blusa de babados? Então atenção ao truque: vista a blusa e veja o que ocorre com os babados. Se eles abrirem ou levantarem, melhor desistir da peça. Mas, se o babado ficar chapado, tudo bem – significa que a blusa não vai aumentar as suas formas.

- Calça de pernas muito largas.
- Barriga de fora.
- Listras horizontais.
- Calça com pregas.
- Cinto ou faixa que marque a cintura.
- Saia rodada.
- Gola alta, rulê ou muito volumosa.
- Jaqueta ou paletó curto.
- Calça justa e de cor clara.
- Camisa com bolsos na altura do busto: eles podem aumentá-lo visualmente.
- Tecidos muito encorpados ou volumosos como brim, xantungue e tafetá.
- Sapatos de salto-agulha.

#ficaadica

- Mulheres de corpo muito musculoso normalmente seguem os formatos já citados: ou têm as coxas e os quadris mais grossos que os ombros ou o inverso – os ombros e os braços mais sarados do que o restante do corpo. Portanto, basta seguir as recomendações anteriores. O importante, além de equilibrar as formas, é atentar para o abuso nos decotes e nas roupas curtinhas demais. É natural querer mostrar o resultado de tanta academia, das plásticas e afins. Mas não é preciso ser vulgar, certo?

A MULHER-COLUNA (MAGRA, COM FORMATO DE CORPO RETANGULAR):

Normalmente são mulheres com poucas curvas, com ombros, quadris e cintura praticamente da mesma largura. O objetivo é deixar o corpo mais feminino e com a cintura marcada.

Sinal verde

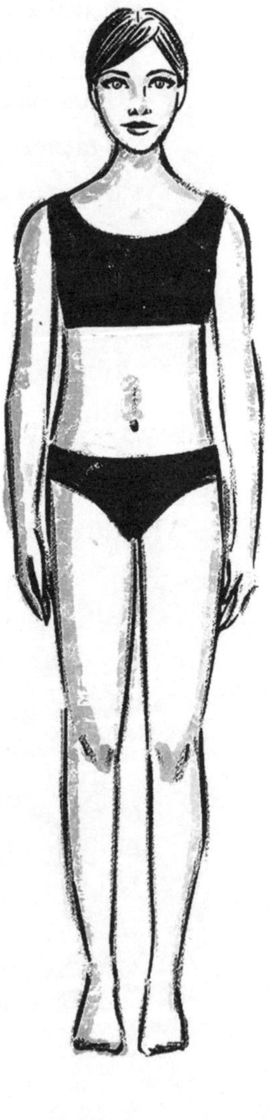

- Vestido de tecido leve, com detalhe no centro da peça, que deslizem pelo corpo.
- Calça com amarração na cintura.
- Saia com detalhes na cintura.
- Blusa e vestido no estilo *cache coeur*.
- Camisa, casaco e blazer acinturados.
- Acessórios femininos que valorizem o colo e o pescoço.
- Camisa, blazer e casaco com formato evasê a partir da cintura: isso ajuda a afinar essa região.

Sinal amarelo

- Cinto escuro com fivela chamativa, ajuda a dar a impressão de cintura mais fina. Já o tom claro pode ter o efeito contrário.
- Para quem tem os braços finos, atenção às mangas: se forem muito largas (tipo a raglã), vão dar a impressão de braços ainda mais estreitos.

Sinal vermelho

- Camisa muito larga.
- Jaqueta ou blazer quadrado, que reforça as suas linhas retas.
- Vestido de corte reto.

A BAIXINHA

Sinal verde

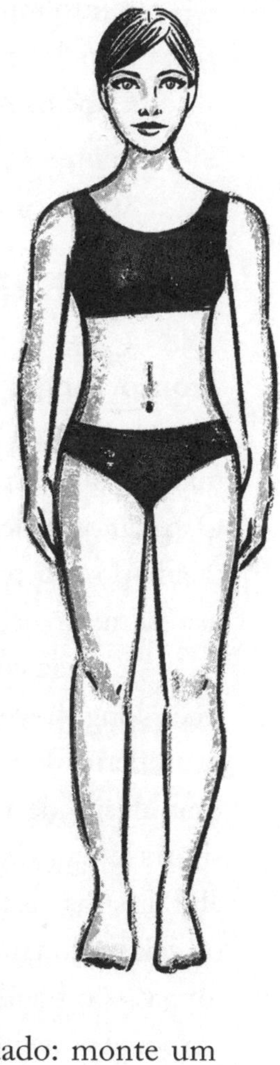

- Sapatos com um pouco de salto.
- Calça e sapato de tons semelhantes (melhor ainda se o sapato tiver uma única cor – inclusive no salto).
- *Look* monocromático (a mesma cor dos pés à cabeça) ou conjunto com estampas idênticas e texturas diferentes.
- Blusa e calça com listras verticais.
- Blazer com três botões.

Sinal amarelo

- Sapatos com plataformas: se elas forem muito exageradas, vão evidenciar a pouca altura. Isso vale também para os saltos.
- Cinto: se forem de cor contrastante com a roupa, vai cortar a silhueta visualmente, diminuindo o tronco.
- Saia longa pode ser usada, mas com um cuidado: monte um *look* monocromático, para alongar a sua silhueta.

Sinal vermelho

- Combinações com muito contraste entre a parte de cima e a de baixo.
- Sandália gladiadora – com várias tiras que sobem pelas canelas –, que fatia as pernas e achata a silhueta.
- Calça com barra italiana.
- Detalhes nas barras de calças, vestidos ou saias.
- Cinto muito largo.
- Lapelas grandes.
- Cabelos muito comprido.
- Saia rodada.

CASOS ESPECIAIS

Tronco longo: equilibre as proporções com blusas com bolsos, com estampas chamativas ou com outros tipos de detalhes. Os melhores decotes são o tipo canoa, o quadrado e o redondo. Se for usar cinto, use da mesma cor da calça, do short ou da saia – isso faz com que as pernas pareçam mais longas. Vestidos e blusas de decote império (bem abaixo dos seios) criam uma ilusão de tronco mais curto. Calças, shorts e saias devem ter a cintura mais alta. Listras verticais em calças, bermudas ou saias vão dar a sensação de pernas mais longas – e equilibrar a proporção do seu corpo. Aproveite para alongar as pernas com calças tipo *flare* e saltos altos (a barra da calça deve ficar a um centímetro de distância do chão). Usar tons semelhantes na calça e no sapato vai potencializar ainda mais esse efeito.

Tronco curto: listras, fileira de botões, zíperes e debruns verticais são ótimas pedidas. Decotes profundos no formato V acrescentam longitude ao tronco; blusas, túnicas e blazers abaixo do quadril, também. Cintos finos abaixo da cintura têm um bom efeito alongador, da mesma forma que calças de cintura mais baixa (mas não muito), saias, shorts e calças sem cós. Mas nada de abusar de ombreiras, das mangas volumosas ou dos casacos curtinhos. Blusas e camisas devem estar por fora da calça, batendo no osso da bacia ou abaixo dele.

Falta de bumbum: para dar volume à região, aposte em cintos soltos sobre os quadris, em calças de cintura mais baixa e nas cores claras e brilhantes. Bolsos traseiros ou com detalhes marcantes também vão ajudar a dar uma "enchida" nessa região do corpo, bem como calças com pregas e saias evasês. Só evite usar peças justas, pois elas vão "enxugar" ainda mais as suas formas.

Seios volumosos: a única maneira de deixá-los firmes e bonitos é usando sutiãs apropriados. E isso significa sustentação! Use sutiãs com alças grossas e que modelem os seios. Os decotes em forma de V ou U não devem ser muito profundos, mas chegar até o início dos seios – para alongar sem perder a elegância. Marque a cintura. Evite blazers curtos e quadrados, que podem aumentar ainda mais a região. Fuja das golas altas e de detalhes como bolsos, laços, franzidos ou outros detalhes que fiquem perto dos seios. Evite usar colares que terminem na altura dos seios e as bolsas de levar nos ombros – que ficarão acomodadas justamente nessa região "problemática". Seios volumosos não combinam

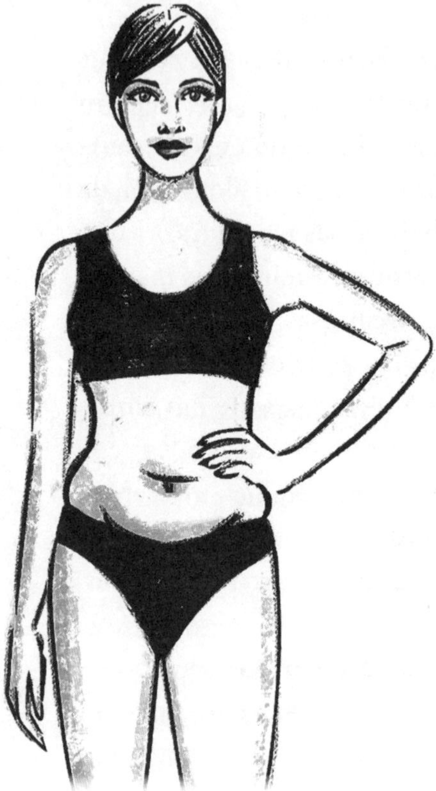

com mangas bufantes, com ombreiras exageradas ou com pulôver fofinho e felpudo. Tudo isso acrescenta volume à região que você não precisa aumentar ainda mais.

Abdômen saliente: para não deixar essa região ainda maior, o ideal é evitar usar peças muito chamativas aí. O formato de blusa ideal é solta no corpo, que tenha um caimento fluído, sem ser justa demais. Evite tecidos muito grossos ou armados, para não aumentar o abdômen. Também evite saias ou calças que tenham amarração na cintura e que criem franzidos justamente na área que você quer diminuir. O melhor tipo de casaco ou blazer é o que vai até abaixo da barriga. O mesmo vale para camisas e blusas: nada deve terminar sobre o abdômen; sempre abaixo dele.

Biquínis

Por expor demais o corpo, esse conjunto merece uma escolha mais cuidadosa. Assim, valoriza as formas e ajuda na camuflagem dos defeitinhos.

Se você tem barriga saliente: opte pelo maiô, que vai ajudar a comportar as suas formas. Um drapeado na altura do busto, um decote V, ferragens nas alças e outros detalhes desse tipo vão desviar a atenção da parte problemática do corpo. Cuidado com peças lisas demais, que podem evidenciar suas formas criando um bloco. Estampas de tamanho médio são as ideais.

Se você tem seios pequenos: prefira os sutiãs com bojo ou com enchimento. Você está liberada para usar também os tops tomara que caia, que dão a aparência de um busto maior. Abuse dos detalhes como estampas, bordados e babados no sutiã. A intenção é "encher" o local. Embora não seja proibido, tenha cuidado com os modelos de "cortininha" se os seus seios forem realmente pequenos. Essa modelagem vai evidenciar isso.

Se você tem seios grandes: o seu objetivo é ter reforço nessa região. O melhor, então, é procurar por modelos com alças mais largas, amarradas no pescoço. Isso vai ajudar, inclusive, a amenizar o volume dos seios. Inclusive modelos com aros de sustentação, que ajudarão a mantê-los no lugar.

Se você tem pernas muito longas: um bom truque é optar por tangas mais largas e com estampa de listras horizontais. Elas equilibram o tamanho das pernas em relação ao tronco.

Se você tem pernas curtas: normalmente quem tem pernas curtas tem o tronco longo. Para equilibrar essa "arquitetura", opte por uma calcinha um pouco mais cavada nas laterais. Ou escolha calcinhas com amarração lateral, que você possa deslocar um pouco para cima, dando a sensação de pernas mais longas. Estão proibidas as tangas retas, com estilo retrô, pois vão deixar as pernas aparentemente mais curtas.

Se você tem ombros largos (e quadris estreitos): as tangas de cores claras, com ferragens, detalhes ou laços laterais mais grossos vão ajudar a equilibrar a largura dos quadris em relação aos ombros. O sutiã do biquíni deve ser de amarra ao redor do pescoço, do tipo frente única.

Se você tem quadris largos: o importante na calcinha é que ela comporte o volume dos seus quadris e do bumbum. Evite estampas na parte de baixo e prefira as cores escuras, que não vão aumentar os quadris. Quanto mais "neutra" for a tanga, melhor. Guarde os detalhes extravagantes para a parte de cima do conjunto. Evite o top frente única, para não diminuir a parte de cima do corpo e fazer os quadris parecerem maiores do que já são.

FORMATO DE ROSTO × ACESSÓRIOS

Antes de qualquer coisa, quando o assunto são óculos, o importante é que ele encaixe no seu rosto. Sabe aquela sensação de vestir uma roupa boa? Com caimento de qualidade? Pois bem, para os óculos o importante é que eles vistam o seu rosto.

Rosto quadrado

Esse formato tem testa e queixo largos, com maxilares salientes. Se esse é o seu caso, prefira brincos de tamanho médio ou compridos, mas estreitos. A melhor armação de óculos tem lentes retas na parte de baixo, ligeiramente ovais – para suavizar as formas. Os colares devem ser de tamanho médio (não gargantilhas).

Rosto redondo

Esse tipo de face possui queixo e testa arredondados. A largura e o comprimento do rosto costumam ser equilibrados. Para contrapor, o melhor é usar armações de óculos quadradas ou retangulares. Se possível, use hastes grossas, mas de tom claro. Brincos longos e estreitos funcionam melhor, pois ajudam a alongar o rosto. Os colares também devem ajudar a formar uma linha vertical na altura do colo.

Rosto oval

Formato de face do meio-termo. É versátil, mas combina melhor com armações de óculos de formato redondo ou oval. Os brincos não devem alongar o rosto demais nem ser exagerados. Os de tamanho médio são ideais. O mesmo vale para os colares: nada de exagero no comprimento, para não puxar a expressão para baixo.

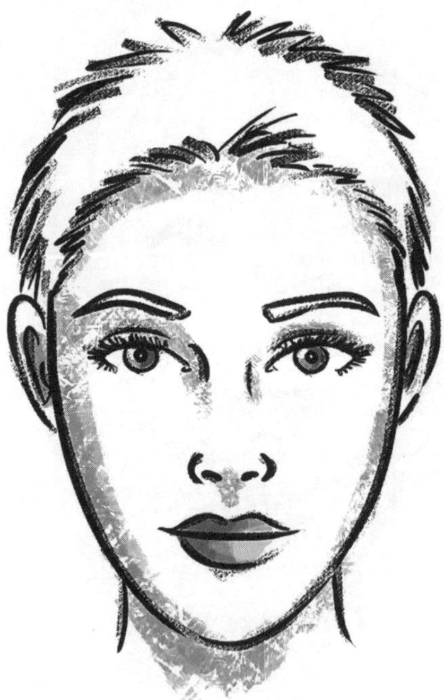

Rosto triangular

Para compensar a diferença entre queixo e maxilar, o melhor é usar uma armação que seja estreita – assim não se acrescenta mais largura a essa parte do rosto. Brincos longos e um pouco mais largos no final ajudam a acrescentar volume ao rosto na parte de baixo. Colares curtos vão bem.

“Vista-se mal e notarão o vestido. Vista-se bem e notarão a mulher.”
(Coco Chanel)

E TEM MAIS...

...CURIOSIDADES, INFORMAÇÕES E DIQUINHAS DE COMPRAS E DE CONSERVAÇÃO DE SUAS ROUPAS E ACESSÓRIOS

ORGANIZANDO O QUE VOCÊ JÁ TEM

Agora que você já sabe como compor o seu uniforme de trabalho, o seu "kit de sobrevivência" para eventos sociais e sabem como valorizar o seu tipo físico, é hora de passar um pente fino no guarda-roupa. Sem remorso.

E o melhor jeito ainda é tirando tudo de dentro, para você visualizar o que tem. Acredite: você vai encontrar coisas incríveis lá no fundo do armário – coisas que certamente você não se lembrava de ter. Estimativas indicam que as pessoas usam apenas um terço do que têm no armário. E a principal razão é a comodidade: na pressa, elas pegam o que está mais à mão e vestem. E o que está mais à mão é o que normalmente elas usam mais. Uma coisa leva a outra, simples assim. Então, o primeiro passo para um guarda-roupa otimizado é saber o que habita esse território inexplorado. Coragem!

Depois de tirar tudo, forme três grupos de peças (roupas e acessórios), que devem ser sinalizadas com as cores verde, amarelo e vermelho. Já imaginou por que, não é?

GRUPO VERDE

É o grupo das coisas que vão permanecer no seu armário, composto, basicamente, por:

- Peças que vistam bem o seu tipo físico.
- Peças que tenham o tamanho do seu manequim atual.
- Peças que a façam sentir confortável e bonita, ao mesmo tempo.
- Roupas e acessórios que estejam em perfeito estado de conservação.

- Roupas, sapatos e bolsas vintage muito especiais, por seu valor histórico ou sentimental (mas que estejam dentro dos critérios acima, quanto ao caimento e à conservação).
- Itens que combinem com o restante do seu guarda-roupa.

#ficaadica

- Aproveite esse dia de "faxina *fashion*" para experimentar as suas coisas. Assim, você evita surpresas desagradáveis na hora de se arrumar, descobrindo que aquela roupa que você planejava usar já não veste bem. O corpo da gente muda com a idade. E se você não se cuida, essa mudança será para pior.
- Outra coisa bacana é chamar umas amigas para acompanhar esse momento. Inspire-se na personagem Carrie Bradshaw (no filme *Sex and the City*, 2008), desfilando os seus vestidos para as amigas antes de mudar de apartamento. Pois reúna um grupo e faça a festa. E aproveite para se ver através dos olhos de outras pessoas.
- Enquanto prova as peças, vá tentando montar novos conjuntos entre elas. Reserve um tempo – tire um dia no fim de semana para esse "estudo" do seu guarda-roupa.
- Ouse, tente novas combinações entre peças, sapatos e acessórios. Moda é um exercício, e você só vira craque se praticar muito essa linguagem. O bom desse momento é que você tem a chance de se analisar sem pressa.
- Fotografe tudo. Assim, você não se esquece dessas "inspirações" e pode usá-las no dia a dia.
- Ou então, já separe esses conjuntos dentro do guarda-roupa (inclusive com as bijuterias penduradas juntas). Assim, fica fácil acessar o *look* completo naquela manhã de segunda-feira quando a cabeça não funciona direito.

GRUPO AMARELO

Aqui ficam as peças e os acessórios que ainda servem, têm qualidade e estão atuais, mas que precisam de reparos ou de ajustes. São eles:

- Camisas faltando botão.
- Joias ou bijuterias faltando pedras ou com o fecho quebrado.
- Peças com a costura desfeita.
- Calças com zíperes quebrados ou com a barra descosturada.
- Roupas que ficaram largas e precisam ser apertadas (às vezes, acontece).
- Roupas que, por terem muita qualidade, merecem uma segunda chance. Exemplo: uma saia ou um vestido que pode ser encurtado e ganhar cara nova.
- Sapatos que precisam de graxa ou que perderam o salto.
- Bolsas ou malas que estão com o zíper quebrado.
- Roupas que apresentam alguma mancha por terem ficado guardadas por muito tempo.

GRUPO VERMELHO

É com esse grupo que você terá de ser mais implacável. Afinal, estamos falando de peças que estão no seu guarda-roupa, mas que não deveriam estar. São elas:

- Aquele vestido/macacão/calça ou qualquer outro item que não tem mais o seu manequim.
- Todas aquelas peças que você comprou há mais de um ano e nunca usou, não importa o motivo. (Exceção: um belíssimo vestido feito sob medida, que veste bem e que a deixa maravilhosa. Um dia a oportunidade vai surgir).
- Tudo o que você guardou jurando que irá emagrecer para poder vestir. Não emagreceu? Doe. Se realmente perder muito peso, você vai querer peças novas; acredite.

- Peças ou acessórios cujo material esteja esgarçado, puído, gasto. Mesmo as suas peças de estimação envelhecem; aceite e desapegue.
- Sapatos que já foram reparados várias vezes e praticamente andam sozinhos.
- Sapatos que apertam, fazem bolhas e acabam com os seus pés (mesmo que você os ame!).
- Roupas ou acessórios que você comprou, mas não combinam com o seu estilo de vida, não têm nada a ver com a sua idade ou com o seu tipo físico ou não podem ser usados com quase nada do seu guarda-roupa.
- Lingeries que perderam a forma, apresentam rasgos ou furos (mas que foram mantidas porque são "gostosinhas" de usar).
- Pijamas ou camisolas puídos, sem elástico e sem dignidade. Porque até a roupa de dormir precisa ter certo charme.
- Qualquer coisa que você usa desde os 15 anos (e que não for joia de família ou uma bolsa de grife).

Viu como abriu espaço? Além de deixar o espaço mais organizado, essa faxina ajuda a movimentar a energia, abrindo espaço para o novo – em todos os sentidos. Arrumação feita, é hora de cuidar do que ficou.

#ficaadica

- Tem coisas que, se a gente não faz de uma vez, não faz mais. Aproveite essa ocasião para separar TODAS as peças que precisam de reparos – e leve tudo de uma vez. Assim, não dá tempo de a preguiça bater.
- Atenção para as peças que serão doadas: elas são diferentes daquelas que só servem para virar colcha de retalhos.

COMO CONSERVAR MELHOR AS SUAS ROUPAS

PEÇAS EM GERAL

Lavar e passar

Siga rigorosamente as instruções da etiqueta da peça. O ideal é que você esteja atenta a elas ANTES de comprar alguma peça ou acessório. Assim, você analisa se a compra vale a pena – ou se vai abalar o seu orçamento por conta dos custos de conservação. As informações contidas nas etiquetas precisam ser levadas a sério. Caso você lave com água uma peça que deveria ser lavada a seco, por exemplo, não adianta reclamar do estrago. Os vendedores das lojas têm o olhar treinado para perceber quando uma peça estragou por culpa de o consumidor não ter seguido as instruções de lavagem – e não costumam trocar a mercadoria danificada.

Guardar

Independentemente do tipo de material, não é recomendável guardar as roupas em sacos plásticos por muito tempo. Se for inevitável, por uma questão de espaço, use aqueles sacos que embalam a vácuo. Eles são bem práticos. Mas saiba que você terá de lavar a roupa antes de usar, pois ela terá acumulado odores conforme o tempo de guardada.

Vestidos de festa, casacos de inverno e ternos devem ser cobertos por embalagens especiais, de preferência, feitas de TNT ou tecido. Isso permite que as roupas respirem.

Se o ambiente onde você mora tiver problemas de umidade, uma saída é colocar saquinhos de tule com giz em lugares estratégicos. Como são feitos de cal, eles combatem a umidade. Prefira os de cor branca e pendure-os em cabides espalhados pelo guarda-roupa.

Outro truque infalível é espalhar bolinhas de cedro pelo armário. Esse tipo de madeira ajuda a deixar o ambiente livre de cupins, além de ter um perfume agradável.

#ficaadica

- Sabe aqueles cabides com ganchos para prender saias? Eles também servem para as calças. Aproveite o maior vão do armário para pendurar as calças pela bainha. Assim, elas não precisam ser passadas na hora de vestir.
- Calças com vinco precisam ser penduradas respeitando essa forma, ou terão mais marcas do que o necessário.
- Para evitar que roupas brancas fiquem amareladas, cubra-as com sacos de tecido azul.
- Nunca é demais reforçar: peças de malha não devem ficar penduradas, pois a malha pode esticar e perder a forma.
- Também não se deve pendurar blusas ou agasalhos de tricô (malhas de lã, por exemplo).
- Para manter o colarinho em ordem, pendure sempre as suas camisas com o primeiro botão fechado.
- Não pendure mais do que uma camisa em um mesmo cabide; A que ficar embaixo ficará amarrotada.
- Uma boa forma de dar um "tapa" em roupas que ficam amarrotadas de guardadas é ter um vaporizador manual (aqueles com formato de chaleira elétrica). Com o vapor fica mais fácil alisar peças difíceis. Apenas tenha cuidado: o vapor sai muito quente e pode queimar tecidos muito finos, como a seda ou até mesmo sua pele. Cuidado com queimaduras.
- Não deixe roupas de tons escuros (ou pretas) secarem ao sol. Elas podem desbotar.

JEANS

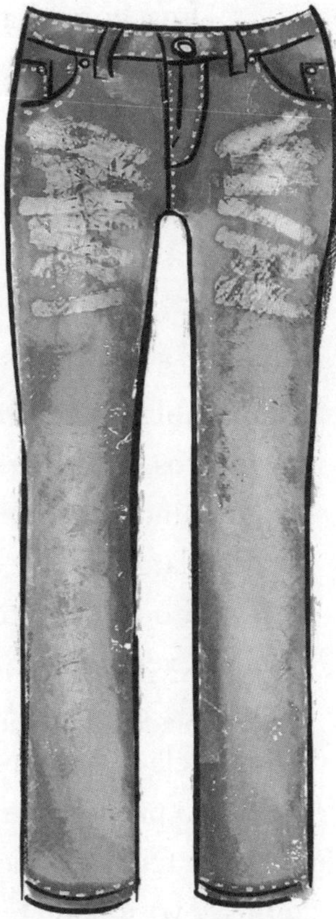

Os coloridos ou muito escuros costumam desbotar. Para fazer o teste, molhe um algodão e passe delicadamente sobre um pedaço do tecido. Se o algodão sair manchado, o seu jeans desbotará durante a lavagem. O melhor, nesse caso, é lavar a peça à mão e com sabão neutro. Utilize um pouco de sal e vinagre na água. Esse truque caseiro faz diminuir a acidez da água e, consequentemente, minimiza o desbotamento.

PEÇAS DE COURO

Se for cuidar delas em casa, a melhor maneira é utilizar produtos especializados, fornecidos por fabricantes de sapatos, acessórios ou roupas de couro. Nunca use produtos de limpeza doméstica, sabonetes, detergentes, óleos ou álcool na manutenção do couro. Peças feitas de camurça ou de *chamois* normalmente exigem cuidados especializados – melhor procurar estabelecimentos profissionais.

Para os artigos feitos de couro de vaca, as recomendações são:

- Utilize um pano de algodão umedecido em água e vinagre branco para retirar manchas de mofo (e deixe secar naturalmente).
- Sujeiras leves ou poeira podem ser removidas com um pano úmido.
- Peças de couro de cor clara também podem ser limpas com algodão embebido em uma mistura de água, leite de magnésia e pasta de dente. Depois, remova os resíduos com outro algodão umedecido em água.

- Uma borracha branca também ajuda a remover a sujeira de artigos de couro claro.

SAPATOS

Alguns modelos fechados podem precisar de uma forma interna para não perder o desenho (ou enrugar). Com as extremidades de plástico e uma mola no centro, ela está à venda em sapatarias especializadas em reparos. Coloque-a dentro do sapato logo após descalçá-lo, com o couro ainda quente. Esse tipo de forma também funciona quando é preciso alargar um pouco sapatos justos.

Muito cuidado com aqueles produtos antimofo, à base de cloreto de cálcio, vendidos em supermercados. Eles são práticos para absorver a umidade do guarda-roupa, mas, se a água que fica armazenada lá escorrer, ele resseca o couro e inutiliza o sapato. É perda total!

Caso precise guardar sapatos em caixas (por exemplo, os de festa), prefira as feitas de plástico. As de papelão não resistem às traças e aos cupins, e você pode ter uma surpresa infeliz quando for procurar seus sapatos e descobrir que foram parcialmente comidos por insetos.

Não é recomendável molhar os sapatos de couro. Mas, se isso ocorrer, o certo é deixá-los secar à sombra, e não sob o sol. Também não use secador de cabelo nem deixe o sapato atrás da geladeira ou

perto do calor. Colocar jornal na parte de dentro ajuda a absorver a umidade e a manter a forma do calçado – mas atenção: troque o jornal regularmente por outro completamente seco!

Sapatos de camurça ou *nobuck* precisam ser limpos com uma escova de cerdas bem macias (profissional ou não) e sempre a seco. Para couro com textura de cobra ou crocodilo, use uma flanela seca para remover a sujeira que se acumular nas entranhas. Já sapatos de verniz (e isso também vale para bolsas) devem ser limpos com flanelas ou panos macios umedecidos – jamais com escovas, esponjas ou tecidos ásperos, para não arranhar.

#ficaadica

- Não sabe o que fazer com as suas revistas antigas? Enrole-as na forma de um tubo e use-as como estrutura para colocar dentro das botas de canos longos. Elas substituem aquelas formas específicas, à venda em sapatarias, e evitam que o couro fique amarrotado.
- Outra solução caseira para as botas de cano longo é colocar sacos de TNT recheados com bolas de jornal por dentro delas (sempre se lembrando de trocar o jornal de tempos em tempos).
- Se tiver espaço no armário, pendure as suas botas de cano longo usando aqueles cabides com presilhas normalmente destinado a saias.
- Os sprays antiodores, usados para evitar fungos e bactérias no ambiente doméstico, também podem ser usados dentro dos sapatos e dos tênis. Uma borrifada rápida – e a distância, para não molhar o calçado – basta para acabar com o chulé. Depois disso, deixe o sapato durante mais um tempo fora do armário.

Calçados precisam "respirar" – os de couro, principalmente. Antes de guardá-los no armário depois de um dia inteiro de uso, o ideal é deixá-los descansar em ambiente arejado e na sombra. E é sempre bom lembrar: não se deve usar o mesmo sapato por dias seguidos. Além de deformar, eles ficam úmidos e com maus odores.

JOIAS E BIJUTERIAS

Cuidados com a sua joia de prata

A prata é um material delicado e macio, por isso pode ser arranhado facilmente. Produtos químicos, choques ou fricção podem danificar as peças de prata. O ideal é não usar sua joia ao fazer tarefas domésticas ou praticar esportes. O cloro da piscina também pode modificar a cor das peças. No entanto, a joia de prata que recebe uma camada de ródio (metal precioso da família da platina) possui uma vida útil muito maior. O banho de ródio protege a peça contra arranhões e manchas.

Como guardar

O melhor é guardá-las na embalagem original, separadas uma das outras. Para prevenir o escurecimento natural da prata, vale guardar a joia envolta em tecido ou dentro de um saco plástico fechado.

Como limpar

Vestígios de suor ou marcas de dedos podem ser retirados com um pano limpo, macio e seco. Manchas de maquiagem podem ser retiradas com um pano contendo espuma de sabão neutro. Podem ser usados, ainda, polidores de prata para remover arranhões superficiais, mas eles são indicados apenas para superfícies lisas. Outro recurso é a "flanela mágica", que pode ser usada em peças polidas com ou sem banho. Ela não é indicada, porém, para peças oxidadas, pedras e correntes.

Nunca tente limpar sua joia de prata com soluções caseiras, como pasta de dente ou pelo processo de fervura.

Cuidados com a sua joia de ouro

Como limpar

Uma boa forma é mergulhar as joias por cinco minutos em um copo de água morna com cinco gotas de amônia. A solução remove a oleosidade e devolve o brilho ao metal. Depois, basta enxaguar a peça em água corrente e deixar secar. O método funciona para joias de ouro amarelo, branco ou rosé – com ou sem diamantes.

Como guardar

O ideal é manter as joias em compartimentos adequados, em porta-joias forrados com tecido, ou nas suas embalagens originais. Como o ouro 18 quilates usado na joalheria é composto de ouro (75%) e uma liga de metais (como o cobre), ele pode sofrer oxidação natural. A ação de fatores externos, como a transpiração, os cosméticos ou o cloro da piscina, acelera esse processo.

Peças oxidadas

As joias que recebem esse tratamento praticamente não precisam ser limpas. Para remover sujeira intrincada, use uma escova macia, seca ou com água e sabão. Nunca use escova de cerdas duras ou material abrasivo, para não remover o acabamento. Também não é recomendado mergulhar as peças oxidadas em soluções para limpeza de joias. Guarde as peças oxidadas separadamente, para evitar atrito com outras joias. Isso pode remover a camada de oxidação da peça.

Pérolas

As joias de pérolas exigem cuidados extras, pois são extremamente delicadas. Pérolas não devem entrar em contato com fluidos como suor, perfume, laquê, xampu, outros produtos químicos ou mesmo com maquiagem. Do contrário, podem ficar opacas ou sofrer danos irreparáveis. O cloro e a água do mar podem manchar as pérolas ou danificar o fio que as une num colar ou numa pulseira.

Para limpá-las, use somente uma flanela ou outro tecido de algodão, macio e seco. Se a sujeira for muito persistente, pode-se usar um pano úmido.

Guarde as joias com pérolas separadamente, uma a uma, para evitar arranhões.

Peças folheadas

Evite entrar no banho com elas, pois resíduos de sabonete e xampu costumam deixar as peças opacas. Cremes, perfumes ou maquiagem também podem afetar o brilho. Já a água do mar e o cloro da piscina aceleram o processo de oxidação da liga metálica, além de escurecer os cristais e as pedras.

Peças folheadas não devem ser polidas em casa, para não perderem a camada que recobre o metal. Na hora da limpeza, utilize uma flanela seca ou um pano úmido para remover manchas e sujeira superficial.

Pedras em geral

As gemas podem ser lavadas com água, sabão neutro e uma escovinha de cerdas macias. O ideal é que a água esteja fria ou morna, para evitar que as pedras trinquem (principalmente turmalina e opala). Algumas gemas são mais porosas – caso da turquesa e do coral – e, por isso, não devem ser molhadas, mas limpas com um pano limpo e seco.

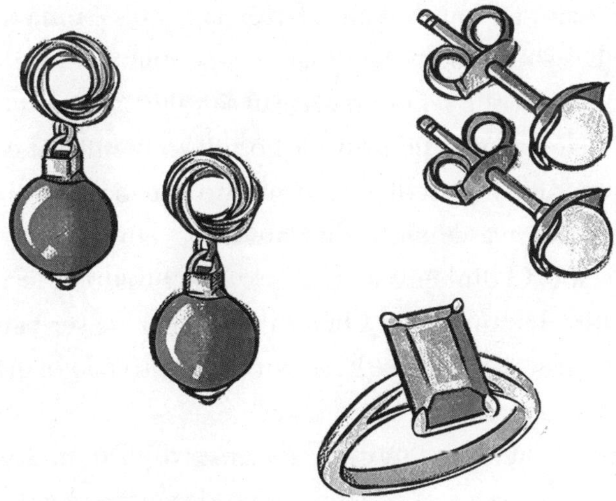

O contato com sabonete e xampu pode comprometer o brilho das gemas. O cuidado na hora de guardar é não deixar que as pedras se choquem umas com as outras, para não riscarem.

INDO ÀS COMPRAS...

Lembre-se sempre: compras inteligentes são aquelas que levam em conta seu estilo, tipo físico, profissão e idade. Qualquer coisa que não se enquadre em uma dessas categorias – por mais barata que seja – é uma séria candidata a mofar no seu guarda-roupa.

Antes de ir a campo, faça um inventário do que está faltando. Como se fosse uma lista de supermercado, anote item por item e tente se manter fiel a ela. O perigo não está apenas em comprar algo desnecessário, mas também algo repetido. Todo mundo tem mania de alguma coisa. Pode ser camisa branca, bolsa marrom ou mocassins pretos, não importa. No final, o guarda-roupa termina lotado de coisas iguais – que você só comprou por hábito.

Outra coisa: estabeleça um patamar de gasto. Não é vergonha nenhuma dar valor ao seu dinheiro. Fazer as contas é uma questão de inteligência. E isso também vai guiar as suas compras, evitando que você gaste com algo que não tem certeza se vale a pena.

Uma vez na loja, não se intimide com o ambiente ou com a empáfia da vendedora. Mantenha-se firme no seu propósito – você é você, ela é ela. Nunca se sinta diminuída ou envergonhada por se sentir inadequada. O dinheiro é seu e, por conta disso, a decisão sobre em que vai gastá-lo também é. Ou seja: você merece ser bem-tratada e atendida nas suas solicitações. E, se por acaso isso não ocorrer, pegue a sua bolsa e vá comprar em outro lugar.

Encontrou o que procurava? Experimente! Ou então não leve. Mas nunca se arrisque a se arrepender e ter de voltar à loja para trocar um modelo ou tamanho. Com a vida corrida que todo mundo leva, a chance desse artigo cair em esquecimento no seu armário é grande. Portanto, escolha um dia para as compras em que você tenha tempo para vestir cada coisa e analisar se ela está de acordo com o que você precisa. Ande pela loja e sente-se com a roupa, para perceber se ela aperta onde não deveria ou se expõe demais o corpo. Não tenha pressa e não entre na ansiedade do vendedor – é papel dele fazer você comprar por impulso ou mais do que gostaria.

É óbvio que isso vale para os sapatos: nunca deixe de experimentar, muito menos calce apenas um dos pés. O correto é calçar os dois e dar uma boa caminhada pela loja, para perceber possíveis problemas. Normalmente, um cantinho incomodando vira um transtorno quando o sapato precisa encarar a vida real. O truque de comprar sapatos no final do dia é bom: mais cansada, a sua tolerância à dor é menor. E nunca é demais dizer: não caia naquela conversa fiada de que o couro vai ceder. Ele pode se acomodar ao formato do seu pé, mas não vai aumentar de tamanho. E a razão é simples: na produção de um sapato, a pele já é esticada para se acomodar à forma. Portanto, não tem sobra de material para ceder tanto assim.

Terminada a compra, vá embora do shopping ou do centro de compras onde estiver – para não cair em tentação.

...E SOBREVIVENDO ÀS LIQUIDAÇÕES

Sem querer ser estraga-prazeres, é bom ter em mente para que servem as liquidações. Acertou quem disse que servem para acabar com o estoque que restou de uma determinada temporada. Para poder se renovar a cada estação, a moda precisa fazer o varejo se movimentar – ou seja, vender. Isso significa que, no meio de alguns achados que realmente podem fazer a diferença no seu guarda-roupa, pode haver algumas armadilhas que farão você lamentar não ter se controlado. Entre as araras, certamente há peças com caimento ruim, cor errada, tecido desconfortável ou outros problemas que a fizeram encalhar. Não seja você a vítima que vai pagar por isso.

Outro fator importante: analise o seu estado de ânimo antes de se jogar nos saldos. Está deprimida, ansiosa, com a cabeça no trabalho ou em outros problemas? Deixe a compra para outro dia. Assim você evita comprar itens somente por carência ou por falta de paciência de procurar algo melhor.

Portanto, antes de enlouquecer diante da avalanche de descontos, preste atenção a alguns detalhes:

- A tal lista para as compras programadas, citada anteriormente, também vale para essa ocasião: evite o impulso; saiba antes o que quer e o que precisa comprar.
- Também vale a pena relembrar as recomendações para o seu tipo de corpo (está tudo no terceiro capítulo).
- Mesmo que a roupa esteja barata, ela ainda precisa vestir bem em VOCÊ (e não na vendedora da loja). Prove-a antes de sacar o seu cartão de crédito e fazer uma compra.
- Concentre-se nos básicos: eles duram mais tempo no guarda-roupa.
- Informe-se sobre as tendências para escolher peças que vão continuar em alta na próxima estação.

E nunca compre, mesmo que esteja quase de graça:

- Sapatos ou roupas de tamanho diferente do seu.
- Roupas com estilo que não tem nada a ver com o seu.
- Peças com defeito.
- Roupas ou acessórios que não combinem com mais nada do seu armário.

AGORA, RELAXE... E QUE TAL UM FILMINHO?

MODA E CINEMA

Alguém consegue pensar em moda sem pensar no cinema? Claro que não! E alguém consegue pensar em moda no cinema sem lembrar-se de Hollywood? A resposta é a mesma: não! Desde os anos 1930, o glamour das divas hollywoodianas – e de seus galãs – influencia o comportamento das pessoas e as ditas tendências. Pense em Mae West e Carole Lombard, as primeiras deusas louras que viraram também ícones de sensualidade e elegância. A partir delas e dos figurinistas de Hollywood – como Gilbert Adrian (1903-1959), Travis Banton (1894-1958) e Edith Head (1897-1981) –, nunca mais se conseguiu desvincular a moda da Sétima Arte. Uma prova são as inúmeras publicações que unem o cinema e a moda. A última delas – e que eu amo – é o livro *101 filmes para quem ama moda*, da jornalista Alexandra Farah.

Quer saber mais sobre essa relação de amor entre moda e cinema? Então confira a nossa lista dos filmes que surpreenderam, comoveram, lançaram tendências ou simplesmente trouxeram reconstituições de época a partir de seus figurinos.

Te contei?

No livro *Tudo sobre moda*, a editora Marnie Fogg conta que o figurinista Gilbert Adrian convenceu o diretor da MGM Samuel Goldwyn a levar Coco Chanel para desenhar roupas para o elenco do estúdio. A ideia não vingou por conta da visão que Chanel tinha do vestuário feminino, "moderninha" demais para a época. Já com Elsa Schiaparelli (1890-1973), o trabalho foi frutífero: a estilista – rival de Chanel – assinou os figurinos de Marlene Dietrich e Mae West para o filme *A vida é uma festa* (1937). Chefe do figurino da MGM, Adrian era fã da alta-costura francesa e ajudou a disseminar o corte no viés criado por Madame Vionnet. Ele sabia bem do poder de sedução desse estilo de corte – o que, aliás, fica fácil de entender vendo a atriz Jean Harlow com o seu sexy vestido frente única no filme *Jantar às oito* (1933).

NA CATEGORIA FIGURINOS MARCANTES...

Gilda (EUA/1946)

O que era aquele vestido tomara que caia de Rita Hayworth? De enlouquecer qualquer homem!

Direção: Charles Vidor
Com: Rita Hayworth e Glenn Ford
Figurino: Jean Louis

Os homens preferem as loiras (EUA/1953)

Com as curvas em evidência, Marilyn aparece vestida para matar!

Direção: Howard Hawks
Com: Marilyn Monroe, Jane Russel e Charles Coburn
Figurino: Travilla

Janela indiscreta (EUA/1954)

Filme que colocou em evidência a elegância impecavelmente clássica de Grace Kelly. O figurino deslumbrante só poderia ser de Edith Head.

Direção: Alfred Hitchcock
Com: Grace Kelly, James Stewart e Wendell Corey
Figurino: Edith Head

Sabrina (EUA/ 1954) – **ganhador do Oscar de melhor figurino**

Com a colaboração de Givenchy, novamente a figurinista Edith Head brilhou, transformando um patinho feio em cisne.

Direção: Billy Wilder
Com: Audrey Hepburn, Humphrey Bogart e William Holden
Figurino: Edith Head, Hubert de Givenchy

Alta sociedade (EUA/1956)

Novamente, Grace Kelly mostra com quantos longos se faz um traje a rigor. Maravilhosa!

Direção: Charles Walters
Com: Grace Kelly, Bing Crosby, Frank Sinatra e Louis Armstrong
Figurino: Helen Rose

Cinderela em Paris **(EUA/1957)**
O trio formado por Audrey Hepburn, Edith Head e Givenchy mostra a que veio ao transformar uma mocinha desajeitada em ícone *fashion*.
Direção: Stanley Donen
Com: Audrey Hepburn, Fred Astaire e Alex Gerry
Figurino: Edith Head, Hubert de Givenchy

Moral em concordata **(Brasil/1959)**
Nesse filme, os vestidos de Maria Della Costa são de Dener, o mais conhecido dos costureiros da moda brasileira. O diretor Fernando de Barros se tornaria, mais tarde, um respeitado consultor de moda.
Direção: Fernando de Barros
Com: Maria Della Costa, Odete Lara e Jardel Filho
Figurino: Dener Pamplona de Abreu

Bonequinha de luxo **(EUA/1961)**
O filme-fetiche de Audrey Hepburn, que conseguiu ficar maravilhosa até de toalha enrolada na cabeça. A abertura do longa, com a atriz de vestido preto, pérolas e óculos escuros, é uma das mais famosas da história do cinema.
Direção: Blake Edwards
Com: Audrey Hepburn, George Peppard e Patricia Neal
Figurino: Edith Head, Hubert de Givenchy e Pauline Trigere

A bela da tarde **(França/Itália/1967)**
O filme merece atenção pelos vestidos de Yves Saint Laurent para a atriz Catherine Deneuve, que, depois, viraria a sua musa. Uma curiosidade: o sapato preto que aparece nos pés da atriz na cena em que ela sobe umas escadas foi uma criação do designer Roger Vivier. Ficou tão popular que vendeu 200 mil pares somente no ano do lançamento do filme.
Direção: Luis Buñuel
Com: Catherine Deneuve, Jean Sorel e Michel Piccoli
Figurino: Hélène Nourry

Laranja mecânica **(EUA/1971)**
Impressionante e desconcertante. Assim é o figurino criado por Milena Canonero para esse filme – um dos mais cultuados de todos os tempos.
Direção: Stanley Kubrick
Com: Malcolm McDowell, Patrick Magee e Michael Bates
Figurino: Milena Canonero

Cabaré **(EUA/1972)**

Com a ajuda de Charlotte Flemming, Liza Minnelli encarna o visual de cabaré como ninguém. Com direito a cabelo estilo *à la garçonne* e muitos cílios postiços.

Direção: Bob Fosse

Com: Liza Minnelli, Brian Roberts e Helmut Griem

Figurino: Charlotte Flemming

Os embalos de sábado à noite **(EUA/1977)**

Com passinhos copiados nas pistas de dança até hoje, esse filme é um ótimo retrato da era "disco" americana – em todo o seu exagero.

Direção: John Badham

Com: John Travolta, Karen Lynn Gorney e Barry Millers

Figurino: Patrizia von Brandestein

Hair **(EUA/1979)**

Divertido e colorido retrato da geração hippie e de seu estilo *flower power*.

Direção: Milos Forman

Com: John Savage, Treat Williams e Beverly D'Angelo

Figurino: Ann Roth

Flashdance **(EUA/1983)**

Levante a mão quem nunca quis vestir o figurino "bailarina *streetwear*" de Jennifer Beats e sair dançando por aí? "What a feeling!"

Direção: Michael Kaplan

Com: Jennifer Beats, Michael Nouri e Lilia Skala

Figurino: Michael Kaplan

Prêt-à-porter **(EUA/1994)**

Excelente trama de Robert Altman sobre o mundo da moda – que contou com a participação especial de várias figuras conhecidas.

Direção: Robert Altman

Com: Sophia Loren, Julia Roberts e Marcello Mastroianni

Figurino: Catherine Leterrier

Moulin Rouge **(EUA/Austrália/2001)**

O figurino, de cores fortes, ajudou a intensificar ainda mais o clima dramático dessa história de amor impossível.

Direção: Baz Lurhmann

Com: Nicole Kidman, Ewan MacGregor e John Leguizamo

Figurino: Catherine Martin e Angus Strathie

Zoolander **(EUA/2001)**

Divertida paródia de Ben Stiller sobre o universo da moda e dos top models.

Direção: Ben Stiller

Com: Ben Stiller, Owen Wilson, Christine Taylor

Figurino: David C. Robinson

Maria Antonieta **(EUA/França/Japão/2006) – ganhador do Oscar de melhor figurino**

Novamente, Milena Canonero brilhou como figurinista, ao construir uma Maria Antonieta fashionista, jovial e muito divertida para Kirsten Dunst.

Direção: Sofia Coppola

Com: Kirsten Dunst, Jason Schwartzman e Rip Torn

Figurino: Milena Canonero

Sex and the City: o filme (EUA/2008)

A estilista Patricia Fiel repete no filme o belo trabalho que executou como figurinista da série de mesmo nome. O ponto alto do filme é o desfile de modelitos vintage de Carrie Bradshaw – além, é claro, do vestido de noiva bafo de Vivienne Westwood.

Direção: Michael Patrick King

Com: Sarah Jessica Parker, Kim Cattrall e Cynthia Nixon

Figurino: Patricia Field

O diabo veste Prada **(EUA/2006)**

Além da divertida história que conta os bastidores de uma importante revista de moda, o filme é recheado de homenagens e de citação de marcas famosas. Meryl Streep está maravilhosa como editora de moda esnobe e que não perdoa deslizes.

Direção: David Frankel

Com: Anne Hathaway, Meryl Streep e Adrian Grenier

Figurino: Patricia Field

O grande Gatsby **(EUA/2013) – ganhador do Oscar de melhor figurino**

O filme, que se passa no ano de 1922, é baseado na obra de F. Scott Fitzgerald e traz os figurinos feitos em colaboração com Miuccia Prada. Na beleza, as mulheres do filme abusam da estética liberal à la Louise Brooks, Gloria Swanson e Josephine Baker. Tudo ao gosto de Baz Luhrmann – ou seja, rico em excessos visuais.

Direção: Baz Luhrmann

Com: Leonardo di Caprio, Carey Mulligan e Joel Edgerton

Figurino: Catherine Martin

NA CATEGORIA FILMES HISTÓRICOS...

Coco antes de Chanel (França/Bélgica/2009)
Direção: Anne Fontaine
Com: Audrey Tautou, Benôit Poelvoorde e Alessandro Nivola
Figurino: Catherine Leterrier

Coco Chanel & Igor Stravinsky (França/Japão/Suíça/2009)
Direção: Jean Kounen
Com: Anna Mouglalis, Mads Mikkelsen e Elena Morozova
Figurino: Chattoune e Fab

O louco amor de Yves Saint Laurent (França/2010) – documentário
Direção: Pierre Thoretton
Com: Catherine Deneuve, Laetitia Casta, Yves Saint-Laurent, Pierre Bergé, Betty Catroux

Saint Laurent (França/Bélgica/2014)
Direção: Bertran Bonello
Com: Gaspard Ulliel, Jérémie Renier e Louis Garrel
Figurino: Anaïs Romand

AMIGA LEITORA (AGORA JÁ SOMOS AMIGOS ÍNTIMOS, NÃO É?)

Depois de ler todas essas dicas e informações de estilo escritas aqui, acredito que você já fez as pazes com o seu guarda-roupa. Mas se não fez, tudo bem. É sempre tempo de começar, aos poucos, a construir um novo figurino, onde só entram peças que realmente tenham a ver com o seu estilo e o seu propósito de vida. Elementos para isso, você já tem. A intenção é que, de agora em diante, você não se deixe influenciar por padrões equivocados, tendências malucas ou pelo jeito de vestir de atrizes ou celebridades – que são lindas de se ver, mas que não vale a pena copiar.

Até a Lady Gaga – que é um ícone de moda – está sempre se reinventando, em busca de uma imagem que tenha a ver com o seu momento de vida e de carreira. Por que justo com você seria diferente? Todas essas famosas que a gente admira não fizeram nada além de aprender a investir em um estilo personalizado e planejado. Quando isso é bem feito, os resultados são incríveis. Quem se conhece e domina a linguagem visual da moda está sempre vestida adequadamente e, com isso, transmite a imagem que deseja – e não algo distorcido e confuso.

Portanto, mãos à obra: encare o seu guarda-roupa de mente aberta. Tire tudo de dentro, analise as peças atentamente e não tenha pudores de mandar embora o que não tiver a ver com essa nova mulher que você se tornou. Sobrou pouca coisa? Não tem problema: menos é mais, nesse caso. É preferível ter pouca roupa, mas ter um conjunto de peças de qualidade, que vistam bem e atendam realmente às suas necessidades. Elas nunca vão te deixar na mão.

Depois disso, todas as vezes que você for investir em algo novo – seja uma roupa ou um acessório –, esteja atenta para não perder o foco. Se for preciso, volte ao nosso manual "mil vezes". Mas nunca mais deixe entrar no seu guarda-roupa aquilo que pode comprometer o seu visual.

E o mais importante de tudo: divirta-se com as suas roupas, divirta-se com a moda. É para isso que ela existe: para fazer as pessoas únicas, originais, mais bonitas e mais felizes.

Termino por aqui, mas que fique claro que isso não é um "adeus", mas um "até breve". Nos vemos por aí.

Arlindo

Este livro foi composto em Caslon Pro e Didot e impresso pela Intergraf
para a Editora Planeta do Brasil em agosto de 2016.